D1137544

Les Éditions du Boréal
4447, rue Saint-Denis
Montréal (Québec) H2J 2L2
www.editionsboreal.qc.ca

Le Roman québécois

DU MÊME AUTEUR

La Modernité belge. Littérature et société, Presses de l'Université de Montréal/Labor, 1994.

Le Roman célibataire. D'À rebours (1884) à Paludes (1895) (avec Jean-Pierre Bertrand, Jacques Dubois et Jeannine Paque), José Corti, 1996.

Un livre dont vous êtes l'intellectuel (avec Pierre Popovic), Fides, 1998.

L'Absence du maître. Saint-Denys Garneau, Ferron, Ducharme, Presses de l'Université de Montréal, 2000.

Histoire de la littérature québécoise (avec François Dumont et Élisabeth Nardout-Lafarge, et avec la collaboration de Martine-Emmanuelle Lapointe), Boréal, 2007 ; coll. « Boréal compact », 2010.

La Conscience du désert. Essais sur la littérature au Québec et ailleurs, Boréal, coll. « Papiers collés », 2010.

Michel Biron

Le Roman québécois

Boréal

© Éditions du Boréal 2012
Dépôt légal : 2ᵉ trimestre 2012
Bibliothèque et Archives nationales du Québec

Diffusion au Canada : Dimedia
Diffusion et distribution en Europe : Volumen

Catalogage avant publication de Bibliothèque et Archives nationales du Québec et Bibliothèque et Archives Canada

Biron, Michel, 1963 5 mars-

    Le roman québécois

    (Collection Boréal express ; 25)

    Comprend des réf. bibliogr.

    ISBN 978-2-7646-2165-3

    1. Roman québécois – 19ᵉ siècle – Histoire et critique. 2. Roman québécois – 20ᵉ siècle – Histoire et critique. I. Titre.

PS8199.5.Q8B57   2012   C843'.3099714   C2012-940083-1
PS9199.5.Q8B57   2012

ISBN PAPIER 978-2-7646-2165-3
ISBN PDF 978-2-7646-3165-2
ISBN ePUB 978-2-7646-4165-1

Sommaire

Introduction

Le roman domine aujourd'hui le paysage littéraire de façon
écrasante, au Québec comme ailleurs dans le monde. Cette
hégémonie s'explique à l'évidence par des raisons commer-
ciales, le roman étant le genre littéraire qui se vend le mieux,
au point d'ailleurs où les autres genres (notamment la poésie)
sont aujourd'hui relégués aux seconds rayons des librairies.
Sans doute en a-t-il toujours été ainsi depuis que le roman
s'est imposé au XIXᵉ siècle comme le genre « intermédiaire »
(Erich Auerbach) par excellence, celui qui parle à un vaste
public de sujets et de personnages ordinaires plutôt que de
mythes ou de héros sublimes. Le roman est par nature un
genre populaire qui s'est développé avec l'essor de la société
bourgeoise et de la démocratie. Son aventure s'accorde à
celle du monde moderne et contribue jusqu'à un certain
point à le définir. Mais qu'en est-il à présent ? Les raisons
anthropologiques de son triomphe, liées au vieux besoin, au
vieux désir de raconter et de se faire raconter des histoires,
semblent prises en charge de façon encore plus évidente par
le cinéma dont le succès dépasse celui du roman. La force des
médias audiovisuels est telle que certains observateurs parlent depuis plusieurs années de la crise de la littérature, y
compris du roman, qui ne devrait sa réussite qu'à d'anciennes
recettes alimentant en scénarios l'industrie des multimédias
et le transformant en un pur produit culturel. Si l'on s'entend
pour dire que le roman triomphe sur le plan commercial, il n'y
a guère aujourd'hui de consensus sur sa valeur esthétique.

En France, Guy Scarpetta parle de « l'âge d'or du roman » tandis que Richard Millet évoque « l'enfer du roman » pour décrire l'évolution récente du genre. Triomphe, crise, mort du roman ? Des jugements aussi divergents ne s'appuient pas seulement sur le profond clivage entre la littérature dite commerciale, généralement discréditée par la critique, et un roman plus « littéraire », donc plus neuf, plus légitime. Une telle division, qui a semblé pertinente pour décrire une série de ruptures modernes, ne suffit plus à rendre compte de la diversité des critères au nom desquels on juge aujourd'hui le roman.

Rappelons que la seule règle du roman sur laquelle s'entendent les critiques et les romanciers, c'est de n'en avoir aucune. Dans sa célèbre préface à *Pierre et Jean,* Guy de Maupassant résumait ce point de vue :

> Le critique qui après *Manon Lescaut, Paul et Virginie, Don Quichotte, Les Liaisons dangereuses, Werther, Les Affinités électives, Clarisse Harlowe, Émile, Candide, Cinq-Mars, René, Les Trois Mousquetaires, Mauprat, Le Père Goriot, La Cousine Bette, Colomba, Le Rouge et le Noir, Mademoiselle de Maupin, Notre-Dame de Paris, Salammbô, Madame Bovary, Adolphe, M. de Camors, L'Assommoir, Sapho,* etc. ose encore écrire : « Ceci est un roman et cela n'en est pas un », me paraît doué d'une perspicacité qui ressemble fort à de l'incompétence.

Dans *La Théorie du roman* (1916), le critique hongrois Georg Lukács se risque tout de même à définir le roman en soulignant d'abord son ancrage historique : celui-ci, selon sa célèbre formule, est « l'épopée d'un monde sans dieux », c'est-à-dire qu'il prend la relève de l'épopée associée aux « civilisations closes » du monde antique pour s'imposer véritablement avec l'essor du monde moderne dans lequel l'individu se retrouve désorienté, privé du secours des dieux. Ainsi le roman raconterait toujours, selon cette perspective, le conflit entre un individu et le monde dans lequel il vit. Un conflit raconté de façon tantôt idéaliste, comme les aventures de Don Quichotte en lutte contre des moulins à vent qu'il confond avec des ennemis géants, tantôt réaliste, comme dans la plupart des romans du XIXᵉ siècle, de Balzac à Melville en passant par Dickens. Le conflit à la base du roman varie d'époque en époque, passant de l'idéalisme abstrait chez Cervantès au romantisme de la désillusion chez Balzac, mais le conflit ou le combat entre l'individu et le monde paraît constituer un ingrédient essentiel du genre romanesque, toutes époques confondues.

Dans le roman québécois, les exemples de héros en lutte contre leur milieu ne manquent pas, depuis Menaud fou de rage devant les « étrangers » venus piller les ressources du pays jusqu'aux personnages de Hubert Aquin, Marie-Claire Blais ou Réjean Ducharme. Mais l'opposition entre ces individus et le monde prend des formes qui ne ressemblent guère à ce qu'on lit dans les exemples étudiés par Lukács. Le réalisme, qui a connu au XIXᵉ siècle son âge d'or en France, en Angleterre et en Russie notamment, ne s'est manifesté que tardivement au Québec, et de façon étonnamment éphémère. Malgré le succès de *Bonheur d'occasion* en 1945, qui annonçait aux yeux de plusieurs critiques de l'époque l'avènement d'un roman canadien-français de type balzacien, Gabrielle Roy se tournera rapidement vers une écriture plus intimiste, où l'aventure intérieure du personnage l'emporte sur son conflit avec le monde. Au même moment, Anne Hébert ouvre son récit *Le Torrent* par cette phrase qui résume à elle seule ce sentiment d'absence que le personnage entretient vis-à-vis de sa société, de l'Histoire ou, plus généralement, du monde réel : « J'étais un enfant dépossédé du monde. » Ici comme dans tant de romans québécois, le monde semble hors de portée du personnage qui doit en quelque sorte construire le lien social avant même de songer à s'en libérer. Ce constat, on le retrouve déjà formulé par Gilles Marcotte en 1958 dans sa « Brève histoire du roman canadien-français » et plus tard dans *Le Roman à l'imparfait* (1976). Selon cette dernière étude qui aura un impact important dans la critique romanesque au Québec, les principaux romans de la Révolution tranquille ont en commun de se passer des règles habituelles du réalisme romanesque : les lois de la vraisemblance et du déterminisme, l'enchaînement causal des actions, l'inscription du héros dans un groupe social, la description des lieux et des paysages, la référence à l'His-

toire, tout cela devient subordonné à une écriture disconti-
nue, qui ne cesse de s'éprouver comme langage.

Une telle fascination pour le langage ne signifie pas que
ce roman s'éloigne de la société, bien au contraire. Au Québec, elle est d'emblée liée à la question nationale, comme le
soulignait Jean-Charles Falardeau en 1968 dans son enquête
sur « L'évolution du héros dans le roman québécois » :

> Notre roman traduit en premier lieu les drames d'un pas-
> sage du sacré au profane, de l'intemporel au temporel. La
> « dépossession » ou « l'aliénation » que cherche à surmon-
> ter le héros romanesque canadien-français est sans doute
> économique et politique. Elle est, à mon avis, autant sinon
> plus une dépossession et une aliénation « religieuse » de
> l'univers terrestre physique et humain.

Qu'elle soit économique, politique ou religieuse, l'aliénation dont parle le roman québécois renvoie à une réalité collective et, en ce sens, le drame individuel est toujours le
drame d'un « nous ». Le roman de la Révolution tranquille,
qui sert souvent de canon pour décrire le roman québécois
dans son ensemble, serait parvenu à dire cette aliénation, et
l'aurait en quelque sorte exhibée pour mieux la vaincre. Or,
le « réalisme » de ce roman serait paradoxal, car il atteint son
maximum de cohérence lorsqu'il parvient à exprimer le sentiment d'irréel qui continue de définir le personnage romanesque — le rapprochant ainsi du héros canadien-français
d'avant 1960, mais dans un contexte où sa singularité, sa
folie, son étrangeté trouvent immédiatement une significa-
tion plus large, coïncidant avec les revendications nouvelles
de la société.

Cette coïncidence, on le voit mieux avec le recul, a été
relativement éphémère et correspond à la décennie magique
des années 1960 au cours de laquelle la parole romanesque
a été connectée à « l'âge de la parole » (l'expression vient du
poète Roland Giguère) et à un mouvement d'émancipation
nationale. C'est en fonction de cette période qu'on a parlé
de roman « national », les romans d'Aquin, Ferron, Blais ou
Ducharme étant d'emblée lus comme l'expression d'une nouvelle conscience québécoise, résolument moderne, libérée de

son carcan traditionnel. Ce faisant, la critique a centré la question du roman autour du contexte national de la Révolution tranquille. Or, sans perdre de vue cette question nationale qui sous-tend l'histoire du roman québécois, on peut se demander si cette histoire ne trouve pas davantage de cohérence si on élargit la perspective à partir de l'évolution plus récente du roman québécois, placée sous le signe du pluralisme et du décentrement. L'histoire du roman québécois, il faut le rappeler, ne commence pas en 1960 et il y a de profondes continuités entre l'ancien roman canadien-français et le roman contemporain. La plus importante est sans doute la fragilité du lien qui unit le personnage au monde réel et donc l'inadéquation du modèle réaliste au roman d'ici. C'est cette idée qui servira de fil conducteur à cet ouvrage, qu'il s'agisse de lire *Les Anciens Canadiens* de Philippe Aubert de Gaspé, *L'Avalée des avalés* de Réjean Ducharme ou *Volkswagen blues* de Jacques Poulin.

La question du réalisme soulève celle de l'Histoire, du rapport que les romanciers québécois entretiennent avec le passé. À première vue, l'Histoire est extrêmement présente dans le roman d'ici, comme en témoigne par exemple la fortune du roman historique, du XIXe siècle jusqu'à aujourd'hui. Lukács observait en parlant de Balzac que le « grand réalisme » ne peut advenir que durant les périodes de transition historique, alors que le héros incarne « l'unité contradictoire d'une crise et d'une rénovation, d'une ruine et d'une renaissance ». Quelque chose de cet ordre se produit au Québec dans *Trente arpents* de Ringuet et dans *Bonheur d'occasion* de Gabrielle Roy : le changement historique s'y fait sentir de façon concrète à travers le passage de la vie rurale traditionnelle au monde industriel et à l'urbanisation. C'est le bref « âge d'or » du réalisme au Québec. Mais l'Histoire représentée dans le roman québécois est le plus souvent figée en clichés, déconnectée du présent et de l'expérience subjective, privée de nécessité. Le romancier moderne la tourne aisément en dérision, comme le fait Réjean Ducharme dans *Le Nez qui voque* alors que Mille Milles observe la modernisation du Vieux-Montréal : « Ils sont en train de refaire le dôme du marché Bon-Secours. Ils sont en train de restaurer les lucarnes de la maison de Papineau. Ils ont des tâches historiques. Sans accent circonflexe, nous obtiendrons : ils ont des taches historiques. » Au Québec, le romancier « réaliste » n'est pas celui qui montre le poids de l'Histoire, qui décrit le combat de l'individu contre une société traditionnelle qui l'empêche d'arriver à ses fins : c'est celui qui parvient à montrer la *contingence* de l'Histoire. « J'écris et je refais la réalité de mon pays à mon gré », écrit Ferron dans *Le Saint-Élias*. Telle est, formulée en quelques mots, la vision par excellence du romancier québécois. L'Histoire est moins un héritage avec lequel l'individu doit se débattre qu'une réalité à inventer. Pour l'écrivain québécois, l'idée contemporaine d'une sortie de l'Histoire, d'une « post-Histoire », d'un « horstemps » (Pierre Ouellet) est d'autant plus séduisante qu'il renonce ainsi à ce qu'il n'a jamais vraiment possédé — et dont l'absence, jusqu'à récemment, était mise sur le compte d'une immaturité, d'un manque à combler.

Si le modèle réaliste ne s'impose pas au Québec comme dans d'autres littératures, c'est aussi que le romancier a d'autres contraintes plus immédiates. Il lui faut se poser la question de la langue d'écriture. En cela, il est semblable au romancier francophone et, plus généralement, à l'écrivain appartenant à une littérature périphérique ou minoritaire, pour qui la langue est souvent liée à un sentiment d'aliénation et ne peut s'assumer qu'au prix d'une rébellion. En Belgique, par exemple, la norme française est si fortement ressentie que l'historien littéraire peut ranger les écrivains selon qu'ils sont des « réguliers » ou des « irréguliers » du langage. Au Québec, ce débat prend une tournure politique autour du « joual » dans les années 1960, mais il accompagne toute l'histoire du roman et s'exprime par des considérations formelles très précises. Comment faire parler les personnages d'ici sans verser dans le folklore ou le régionalisme ? Que faire de l'anglais, omniprésent dans la réalité montréalaise ? Comment concilier le code linguistique français et le code culturel nord-américain ? Pour embrasser le réel, il faut donc commencer par trouver l'instrument adéquat, se créer une langue à soi dans la langue commune. Sans doute est-ce là le propre de tout romancier véritable, de Rabelais à Céline. Mais quelle est la langue commune de l'écrivain québécois ? On ne pose guère la question quand il s'agit d'un écrivain français, anglais ou russe. Elle se pose dès lors qu'on lit un écrivain belge, antillais ou québécois. Et la réponse varie selon qu'on s'appelle Ringuet (qui passait pour un romancier français aux yeux de certains critiques, comme Louis Dantin) ou Jacques Ferron.

Qu'est-ce qu'un roman québécois ? On s'est beaucoup interrogé sur l'adjectif jusqu'ici dans la critique et il va de soi qu'on n'étudie pas un tel corpus sans faire intervenir la question identitaire. Mais on peut aussi se demander quels types de roman le Québec a produits ou, en d'autres termes, ce que les romanciers du Québec ont apporté au roman, à l'art du roman. Le septuagénaire Philippe Aubert de Gaspé ouvrait en 1863 son seul roman, *Les Anciens Canadiens,* par cette formule : « J'écris pour m'amuser. » Non pas pour raconter des aventures, non pas pour représenter fidèlement le monde, mais au nom d'une liberté qui passe par l'écriture la plus désinvolte qui soit. « Que les puristes, les littérateurs émérites, choqués de ses défauts, l'appellent roman, mémoire, chronique, salmigondis, pot-pourri : peu m'importe ! » ajoute Aubert de Gaspé, fort de ses soixante-seize ans. On trouvera peu de grandes architectures romanesques dans l'histoire du roman québécois, et même une des plus ambitieuses entreprises contemporaines, celle de Michel Tremblay, se présente sous la forme de chroniques. Le romancier décrit un monde auquel il entend participer et c'est pourquoi il lui arrive plus souvent qu'ailleurs de se mettre lui-même en scène en train d'écrire, peu importe s'il écrit « pour s'amuser », comme Aubert de Gaspé, ou pour refaire la réalité de son pays à son gré, comme Ferron.

1

Le roman entre l'histoire et le conte
1837-1916

De 1837 à 1916, il se publie seulement une centaine de romans au Canada français si l'on exclut les nombreux feuilletons qui paraissent dans les journaux et les revues. Le type de roman le plus courant, et de loin le plus valorisé par les élites intellectuelles, religieuses et politiques, est le roman historique. En s'inspirant des figures marquantes de la Nouvelle-France, le roman trouve d'emblée une fonction dans la construction d'une conscience nationale, au même titre que la légende ou le conte qui connaissent un essor rapide tout au long du siècle. Pour trouver ses modèles, le jeune roman canadien-français doit toutefois se tourner vers l'Europe. C'est ainsi qu'en 1837 le premier roman canadien-français, *L'Influence d'un livre* de Philippe Aubert de Gaspé (fils), d'abord sous-titré *Roman historique* puis réédité en 1864 par l'abbé Henri-Raymond Casgrain sous le nouveau titre *Le Chercheur de trésors,* est explicitement influencé par Walter Scott, mis au goût du jour en France par Honoré de Balzac et Alexandre Dumas, dont les journaux canadiens-français publient certains récits historiques à la même époque. *L'Influence d'un livre* intègre également certaines légendes canadiennes, en particulier celles de Rose Latulipe et de l'Homme du Labrador, le réalisme du roman historique et le fantastique des légendes et des contes s'autorisant l'un et l'autre d'un même désir de créer une littérature nationale.

Le succès du roman historique s'accroîtra tout au long du

siècle, comme le montrent les exemples de Napoléon Bou-
rassa (*Jacques et Marie,* 1865-1866) et de Joseph Marmette.
Ce dernier est l'auteur le plus habile et le plus prolifique,
publiant sept romans de 1870 à 1880, dont *Le Chevalier de
Mornac. Chronique de la Nouvelle-France 1664* (1873). Son
héros ressemble à D'Artagnan transporté dans le contexte
des guerres entre Blancs et Amérindiens. L'auteur se défend
toutefois de faire un roman d'aventures et intervient directement dans son récit pour justifier le réalisme de certaines
scènes particulièrement violentes :

> Que le lecteur me pardonne cette scène d'un réalisme
> effréné. Mais le festin était chez les Sauvages une des plus
> grandes solennités et je ne saurais la passer sous silence
> alors que nous ne sommes entrés dans la bourgade
> d'Agnier que pour étudier de près les mœurs de ses habi-
> tants.
> Et qu'on n'aille pas croire que je charge ce tableau de cou-
> leurs impossibles. Si l'on veut voir jusqu'où allait la glouton-
> nerie bestiale des Sauvages, on n'a qu'à consulter la Rela-
> tion des Jésuites (1634) où j'ai puisé les idées d'une partie
> du présent chapitre.

La vogue du roman historique est telle que certains
romans historiques canadiens-anglais seront rapidement traduits, et plusieurs connaîtront même plus de succès en français que dans leur version originale. C'est le cas de certains
romans de Rosanna Eleanor Leprohon, comme *The Manor
House of the Villerai* (1859), de même que du roman *The
Golden Dog: A Legend of Quebec* (1877) de William Kirby
traduit par Pamphile Le May.

Mais autant la veine du conte ou du roman historique,
élargie au roman de mœurs et au roman d'aventures, paraît
aisément transposable chez un peuple qui cherche justement
à se donner une mémoire nationale, autant la veine d'un
réalisme plus moderne se heurte à d'immenses résistances.
Celles-ci existent aussi en France, comme on le voit par les
nombreuses préfaces justificatives accompagnant les romans
réalistes ou, de façon plus évidente encore, par le procès
intenté à Flaubert après la parution de *Madame Bovary*

en 1857. Au Canada français, ces résistances sont aggravées par l'exiguïté du milieu intellectuel et par l'autorité du clergé catholique qui contrôle tout le système d'enseignement et qui, avec la montée de l'ultramontanisme, accentue sa mainmise durant le dernier tiers du XIXᵉ siècle. Le personnage romanesque, par son individualisme inhérent, mais aussi par tout ce qu'il comporte de romantique et d'excessif (l'exaltation amoureuse, le goût de l'aventure, la violence de ses instincts, etc.), est d'autant plus inquiétant qu'il a aussi quelque chose de profondément séduisant, comme le prouve d'ailleurs le succès des romans-feuilletons qui paraissent de façon régulière dans les journaux de l'époque.

Il faut toutefois observer aussi ce que les romanciers eux-mêmes répètent pour se démarquer de la tradition réaliste européenne. Leurs personnages, disent-ils, ne sont pas des héros au sens où on en trouve en France ou en Angleterre : ce sont des individus paisibles, modestes, voire ennuyeux, dont le principal mérite est de servir de modèle au lecteur d'ici. Le roman, comme le reste de la littérature canadienne-française, est alors au service de l'édification nationale et religieuse. Le pamphlétaire Arthur Buies écrivait alors : « Partout ailleurs la jeunesse a des élans ; ici, elle n'a que des craintes. » Ce qui frappe plus que l'impression de peur ou de timidité, c'est le sentiment que les écrivains canadiens-français croient peu au roman tel qu'il se développe ailleurs et s'amusent même à le tourner en dérision. Le notaire Patrice Lacombe écrit ainsi en conclusion de *La Terre paternelle* (1846) : « Laissons aux vieux pays, que la civilisation a gâtés, leurs romans ensanglantés, peignons l'enfant du sol, tel qu'il est, religieux, honnête, paisible de mœurs et de caractère… » De même, Antoine Gérin-Lajoie, auteur de la célèbre chanson *Un Canadien errant* et grand passionné de culture américaine, fait précéder *Jean Rivard, le défricheur canadien* (1862) de l'avertissement suivant : « Ce n'est pas un roman que j'écris, et si quelqu'un est à la recherche d'aventures merveilleuses, duels, meurtres, suicides, ou d'intrigues d'amour tant soit peu compliquées, je lui conseille amicalement de s'adresser ailleurs. On ne trouvera dans ce récit que l'histoire simple et vraie d'un jeune homme sans fortune, né dans une condition modeste, qui sut s'élever par son mérite à l'indépendance de fortune et aux premiers honneurs de son pays. »

Ce n'est pas le cas toutefois du roman d'aventures de Pierre Boucher de Boucherville, *Une de perdue, deux de trouvées* (1849), qui combine de façon étonnante la veine historique, le roman sentimental, le roman populaire, le récit de piraterie et des aperçus des rues de Montréal qui n'a plus rien à voir avec la Ville-Marie des romans historiques : nous sommes plongés ici dans la vaste Amérique, celle qui conduira le héros jusqu'en Louisiane, le roman greffant sur le thème obligé du patriotisme celui, rare dans la littérature canadienne-française, de l'esclavage. Dans un récit ajouté quelques années plus tard, Boucher de Boucherville défendra avec encore plus de vigueur sa position abolitionniste.

Le roman à thèse

Écrit pour un lecteur d'ici, le roman canadien-français est généralement partagé entre une vision utopique, attachée aux « saines doctrines » dont parlera l'abbé Casgrain, et le sentiment profond que la façon de raconter des histoires en usage dans les « vieux pays » ne lui convient pas. C'est le cas de *La Terre paternelle,* qui raconte les malheurs des cultivateurs Chauvin à la suite du départ du cadet Charles, abandonnant la terre pour s'aventurer dans les chantiers. Un miraculeux redressement de la situation s'opère à la fin, avec le retour de Charles, enrichi par quinze ans de travail dans les chantiers, capable de racheter la terre, d'y réinstaller ses parents, de trouver à s'y marier avec la fille d'un cultivateur. C'est aussi le cas de *Charles Guérin. Roman de mœurs canadiennes* (1846-1847), écrit par celui qui deviendra premier ministre du Québec au début de la Confédération en 1867, Pierre-Joseph-Olivier Chauveau. Même souci didactique chez le libéral Antoine Gérin-Lajoie dans les deux tomes de *Jean Rivard (Jean Rivard, le défricheur* en 1862, et *Jean Rivard, économiste* en 1864). Jeune étudiant prometteur, Jean Rivard quitte sa ville, sa famille, renonce à un avenir tout tracé pour ne compter que sur ses forces individuelles et l'héritage modeste que lui lègue son père. Avec cinquante louis, il achète une terre, puis fait construire une maison où il s'installe avec sa femme et ses enfants et fonde une ville, Rivardville, où chacun trouve le bonheur dans le travail. Le roman montre ainsi que l'éloge conservateur de la terre est compatible avec la défense d'un certain individualisme à l'américaine *(self-reliance)*.

On rangera également dans cette catégorie le seul roman d'Honoré Beaugrand, *Jeanne la fileuse, épisode de l'émigration franco-canadienne* (1878), un des rares à prendre la défense des Canadiens français contraints d'émigrer aux États-Unis pour trouver un gagne-pain. L'auteur, un journaliste libéral et anticlérical bien connu, fondateur du journal *La Patrie,* a passé plusieurs années en Nouvelle-Angleterre avant de revenir à Montréal dont il sera le maire de 1885 à 1887. C'est durant son séjour à Fall River (Massachusetts) qu'il écrit plusieurs contes et récits, dont « Le Fantôme de l'avare », qui sera intégré à la première partie de *Jeanne la fileuse.* Dans la deuxième partie intitulée « Les Filatures de l'étranger », le romancier reprend la plume du journaliste et montre comment la pénible vie en usine n'empêche pas Jeanne, l'héroïne, de pratiquer sa foi et de se conformer à une morale exigeante. Mêlant l'essai à une intrigue rudimentaire, au service de la cause défendue, le roman de Beaugrand illustre bien l'instrumentalisation de la fiction à laquelle se livrent conservateurs aussi bien que libéraux. Peu importe sa couleur politique, le romancier fait ainsi du roman un instrument pédagogique destiné à éduquer le lecteur. L'exemple le plus manifeste de roman à thèse demeure toutefois *Pour la patrie. Roman du xxe siècle* (1895) de l'ultramontain Jules-Paul Tardivel, qui s'en prend au roman moderne dans sa préface et décrit sa propre entreprise comme « un roman chrétien de combat ».

Les Anciens Canadiens

Le roman le plus étonnant et le moins réductible à une thèse est aussi celui qui a connu le plus grand succès à l'époque au Canada français. *Les Anciens Canadiens* (1863) est le premier et unique roman de Philippe Aubert de Gaspé. Ce septuagé-

naire est aussi le père de l'auteur de *L'Influence d'un livre* écrit
un quart de siècle plus tôt (on dit que le chapitre « L'étranger », reprenant la légende de Rose Latulipe, aurait été écrit
par Aubert de Gaspé père). *Les Anciens Canadiens* est tiré
à 2 000 exemplaires, puis aussitôt réédité avec cette fois un
tirage de 5 000 exemplaires, ce qui en fait une sorte de
« best-seller », selon les standards du XIXe siècle.

Situé à l'époque de la Conquête de 1760, ce roman
bénéficie d'emblée de la vogue des romans historiques. À la
différence des spécialistes de ce genre, toutefois, Aubert de
Gaspé raconte parallèlement sa propre histoire, celle d'un
seigneur déchu qui tente de se réhabiliter à travers le portrait
d'un « bon gentilhomme », Monsieur d'Egmont, ruiné et
emprisonné comme l'avait été l'auteur. En ce sens, ce roman
annonce les *Mémoires* qu'Aubert de Gaspé publiera trois ans
plus tard, en 1866. Mais ce qui fait le charme et l'originalité
de ce roman historique à saveur autobiographique, c'est l'ex-
traordinaire liberté de ton que le romancier se permet lorsqu'il
affirme dès le début qu'il écrit « pour s'amuser ». Contrairement à tant d'œuvres édifiantes et sérieuses qui paraissent
au cours du siècle, celle-ci affiche un plaisir de l'écriture qui
explique sans doute en bonne partie celui que le lecteur
éprouve, encore aujourd'hui, à lire *Les Anciens Canadiens*.

L'intrigue s'organise principalement autour de deux personnages plongés au cœur du conflit de 1754-1760, consi-
déré par Aubert de Gaspé comme « un bienfait pour nous »,
la Conquête ayant mis le Canada à l'abri de la Terreur
de 1793. Il s'agit d'un jeune Écossais, Archibald Cameron de
Locheill, et d'un « ancien Canadien », Jules d'Haberville, fils
du seigneur de Saint-Jean-Port-Joli. Les deux amis se sont
connus peu avant au Petit Séminaire de Québec où ils sont
devenus comme des frères, « Arché » passant ses étés dans
la famille de Jules. Élevé dans la religion catholique et parlant
français, Arché a tout ce qu'il faut pour devenir un de ces
« anciens Canadiens » dont Aubert de Gaspé propose un
portrait. La guerre va toutefois le forcer à entrer dans le camp
ennemi et à mettre le feu à la demeure seigneuriale de sa
famille d'adoption, à Saint-Jean-Port-Joli. Le roman relate
ensuite les efforts de celui qui est redevenu « Archibald »
pour racheter sa faute : il sauve Jules blessé sur les plaines

d'Abraham, puis tente de réparer les torts causés à la famille d'Haberville et regagne peu à peu sa confiance. Il finit même par demander la main de Blanche, la sœur de Jules, mais celle-ci refuse de l'épouser malgré le consentement du père et en dépit de l'amour qu'elle éprouve pour lui. Contredisant la thèse de la réconciliation nationale qui sous-tend le roman, Archibald ne sera donc jamais entièrement accepté comme « ancien Canadien » et il ne s'unira pas à Blanche, même s'il vieillira non loin d'elle, dans une sorte de coexistence fraternelle et platonique. C'est la femme qui incarne ici, comme ce sera le cas dans *Maria Chapdelaine* et dans plusieurs romans québécois, le poids de la mémoire nationale.

Angéline de Montbrun

Angéline de Montbrun n'est ni un roman historique ni un roman d'aventures : c'est le premier roman psychologique paru au Canada français. Écrit par une des premières femmes de lettres canadiennes-françaises, Laure Conan (pseudonyme de Félicité Angers), ce roman a un statut à part dans l'histoire littéraire, de même que dans l'œuvre de Laure Conan, puisque celle-ci publiera ensuite des biographies de personnages historiques et de saints et quelques romans historiques, notamment *L'Oublié* (1891), qui sera réédité une vingtaine de fois. Publié d'abord en feuilleton dans la *Revue canadienne* en 1881-1882, *Angéline de Montbrun* paraît en volume en 1884, grâce notamment aux encouragements de l'influent abbé Casgrain qui signe une préface. Roman du moi, de l'intériorité, *Angéline de Montbrun* se distingue aussi des autres romans canadiens-français du XIXe siècle par sa forme singulière. La première partie est presque entièrement composée de lettres tandis que la seconde, intitulée « Feuilles détachées », est constituée du journal d'Angéline, selon le modèle emprunté au *Journal intime* d'Eugénie de Guérin qui avait connu un immense succès en France. À la fin de la première partie, un narrateur extérieur intervient pour expliquer au lecteur ce qui s'est passé entre l'époque des lettres et celle du journal.

L'opposition formelle entre les deux parties recoupe une division profonde entre les deux grandes périodes de la vie d'Angéline. Dans ses lettres échangées avec son amie et confidente Mina, elle se montre pleine de gaieté, portée par l'amour qu'elle éprouve pour son père Charles de Montbrun et pour son fiancé, Maurice Darville. Puis survient le drame, la mort du père à la suite d'un accident de chasse. Angéline est inconsolable et, affaiblie par le deuil, elle tombe sur le pavé et se blesse si gravement au visage qu'elle demeure à jamais défigurée. Elle décide alors de rompre les fiançailles et de vivre à l'écart du monde, recluse dans la maison de son père.

Les lecteurs de l'époque ont vu dans cette retraite un modèle d'édification religieuse et nationale. Il est vrai qu'Angéline, une fois réfugiée dans l'ancienne maison paternelle, s'y livre à la prière et multiplie les hommages à sa patrie, notamment à travers un hommage à François-Xavier Garneau — mais c'est surtout parce que son père et elles lisaient ensemble l'*Histoire du Canada* qu'elle voit dans l'historien national un « homme admirable ». Le journal tourne autour de la figure absente du père et laisse entendre des plaintes aux accents d'une rare violence. Quelques mois après sa décision de ne plus revoir son fiancé, Angéline écrit : « On me répète toujours qu'il faudrait me distraire. *Me distraire !* Et comment ? Ah ! on comprend bien peu l'excès de ma misère. La vie ne peut plus être pour moi qu'une solitude affreuse, qu'un désert effroyable. Que me fait le monde entier puisque je ne le verrai plus jamais ! »

Peu de personnages dans le roman canadien-français ont suscité autant d'interprétations contradictoires qu'Angéline de Montbrun, témoignant par là de la richesse de ce personnage — le premier véritable personnage du roman québécois, selon Gilles Marcotte. Pour l'essayiste Jean Le Moyne, Angéline incarne l'idéal pesant du sacrifice et « il serait difficile de trouver dans notre littérature un livre plus malsain qu'*Angéline de Montbrun* », le seul amour du roman étant celui qui lie Angéline et son père. Tel ne sera pas l'avis de Pierre Nepveu, selon qui la retraite d'Angéline est aussi sa force, l'occasion d'une plongée en soi-même et d'une expérience profondément subjective du monde. La critique féministe verra dans *Angéline de Montbrun* une « bombe dans la Maison du Père » (Patricia Smart), la première « parole féminine autonome » (Lucie Robert) de la littérature québécoise.

Roman et culture populaire

En marge du roman historique, il existe aussi des romans marqués par la culture populaire et, dans certains cas, par l'expérience de la ville moderne, lieu romanesque par excellence. On en trouve par exemple maintes traces dans les romans-feuilletons que publient les journaux canadiens-français du XIXe siècle, notamment dans trois *Mystères de Montréal* inspirés directement des *Mystères de Paris* d'Eugène Sue, signés respectivement par Henri-Émile Chevalier (1855), Hector Berthelot (1879-1881) et Auguste Fortier (1893). L'allure échevelée et souvent comique de telles histoires écrites pour les journaux tranche nettement avec le style prudent des textes publiés en volumes. Un auteur respecté comme Pamphile Le May, connu pour ses poèmes patriotiques, ses romans historiques et ses contes, publie en 1899-1900 dans le journal *La Patrie* un récit d'aventures urbaines, *Bataille d'âmes.*

Il faut attendre le XXe siècle pour voir apparaître en volume un premier roman appartenant à la veine comique, *Marie Calumet* (1904), du journaliste Rodolphe Girard. Proche de la farce médiévale, *Marie Calumet* relate les aventures d'une ménagère au service d'un curé de village. Inspiré par une chanson folklorique bien connue à l'époque *(Sens dessus dessous, sens devant derrière),* donc par la culture populaire, le roman est si peu orthodoxe que le clergé en interdira la diffusion. L'audace de Girard vient de quelques passages jugés indécents. Dans l'un d'eux, Narcisse, l'engagé du bon curé Flavel, reçoit sur la tête le contenu du pot de chambre de l'évêque en visite. Plus tard, revenue de Montréal où elle s'est acheté une immense crinoline, Marie Calumet trébuche et, sous les yeux de tout le monde, y compris du curé, tombe à la renverse alors qu'elle avait oublié de mettre des sous-vêtements. La scène la plus carnavalesque se trouve à la fin du roman, pendant le mariage de Marie Calumet et de Narcisse. Au milieu du repas, les convives se précipitent dehors pour se soulager en pleine nature, après que le bedeau jaloux a versé un laxatif dans le ragoût de pattes. Une telle absence de sérieux donne au roman un air de divertissement burlesque difficilement compatible, on l'imagine bien, avec la mission nationale que l'élite cléricale confie à la littérature. Girard tentera d'ailleurs de se racheter en publiant peu après un roman historique (*L'Algonquine,* 1910), plus conforme au canon de l'époque.

Signalons enfin un autre roman atypique écrit par le journaliste Arsène Bessette, *Le Débutant. Roman du journalisme et de la politique dans la province de Québec* (1914). Son auteur y brosse un tableau satirique du milieu politique et culturel de Montréal, imitant les accents des Montréalais, ridiculisant les réactions des élites devant les spectacles modernes. « Ce roman n'a pas été écrit pour les petites filles », lit-on sur la page de couverture. Pour qui a-t-il été écrit ? Condamné par l'Église, il n'a guère été lu que par un cercle restreint de quelques amis de l'auteur, connu pour être un libéral radical, membre de la loge maçonnique de Montréal. *Le Débutant,* son seul roman, a une évidente dimension autobiographique. Il raconte la désillusion de Paul Mirot, venu à Montréal dans l'espoir d'entrer au service d'un grand journal. Dès ses débuts au *Populiste,* il découvre toutefois les dessous du métier. Il voudra se consoler en écrivant un roman, comme Bessette lui-même. Celui-ci s'amuse à décoder les langages de la ville et à caricaturer la classe politique et intellectuelle. Voici par exemple un député, Prudent Poirier, grand amateur de théâtre populaire à qui on demande ce qu'il pense du Théâtre Moderne : « *Parlez-moé-z'en pas. Yuinque des simagrées dans les salons ; des pincées en robes de soie qui trompent leurs maris et font des magnières ; des hommes qui font des grands discours, comme à la Chambre.* » Le roman se démarque surtout par l'humour et par l'originalité de son sujet qui permet notamment de voir les nouvelles réalités urbaines, dont les théâtres, que Bessette appréciait particulièrement.

2

Les débuts du réalisme
1916-1945

Au début du XXe siècle, on assiste à la première querelle littéraire au Canada français, opposant les « régionalistes » et
les « exotiques ». Cette querelle concerne au premier chef
les poètes, inspirés par l'exemple de Nelligan, mais les
romanciers ne sont pas en reste. En 1904, l'abbé Camille Roy
prononce une conférence demeurée célèbre, intitulée « La
nationalisation de la littérature canadienne ». Il y pourfend
les imitateurs comme « ce pauvre et si sympathique Nelligan » et invite les écrivains canadiens à ne pas chercher à
« satisfaire d'abord le goût des lecteurs étrangers », c'est-à-
dire à faire « une littérature qui soit à nous et pour nous ».
En 1918, un groupe de jeunes écrivains et artistes réunis au
sein de la revue *Le Nigog* s'en prendra à Camille Roy et à la
littérature dite régionaliste. Leur voix retentit suffisamment
fort pour susciter une polémique, alimentée par la réaction
des élites traditionnelles. Des titres comme *L'Appel de la
terre* (1919) de Damase Potvin ou *L'Appel de la race* (1922)
de Lionel Groulx illustrent bien le parti pris de plusieurs
romanciers en faveur des valeurs associées au terroir, soit
la fidélité à la « race » canadienne-française, à la famille, à la
religion catholique, à la langue française et à la vie rurale.
La charge polémique de ces romans demeure toutefois très
faible dans la mesure où il n'existe aucun roman « exotique »
auquel les opposer. Le terroir idéalisé par Potvin ou Groulx
relève davantage de la propagande que du roman propre-

ment dit et il a peu à voir avec le réalisme qui caractérise les meilleurs romans de cette période.

Vers un réalisme paysan

La publication de *Maria Chapdelaine* du Français Louis Hémon joue à cet égard un rôle majeur. Publié d'abord sous forme de feuilleton à Paris en 1914, le roman appartient à la veine du roman régionaliste, comme le souligne son sous-titre *Récit du Canada français*. *Maria Chapdelaine* obtient un succès phénoménal à partir de sa réédition en 1921 chez Grasset, et constitue même un des plus importants best-sellers de la littérature française de l'époque. Mais si ce « chef-d'œuvre catholique », comme on le présente alors, a quelque chose d'exotique pour le lecteur français, il illustre d'abord et avant tout la valeur identitaire du terroir pour le lecteur canadien-français. L'entreprise de réappropriation nationale commence dès 1916 alors que le roman paraît à Montréal en volume, précédé d'une préface du critique Louvigny de Montigny qui présente le roman comme un « modèle de littérature canadienne ». Dans les années 1930, le romancier Claude-Henri Grignon verra dans ce roman un modèle indépassable de réalisme paysan et Félix-Antoine Savard ouvrira *Menaud, maître-draveur* par une scène au cours de laquelle la fille de Menaud, appelée justement Marie, lit à son père des passages de *Maria Chapdelaine*.

La portée idéologique du roman de Louis Hémon est si manifeste qu'on oublie parfois qu'il s'agit aussi d'un récit sentimental fondé sur la passion de Maria pour un jeune coureur des bois, François Paradis. Après la mort de ce dernier, qui s'est « écarté » dans les bois lors d'une tempête de neige, Maria est courtisée par deux hommes : Lorenzo Suprenant, qui a vendu sa terre pour émigrer aux États-Unis, et Eutrope Gagnon, simple défricheur vivant à côté de chez elle, dans la région de Péribonka au Lac-Saint-Jean. C'est autour de ce dilemme amoureux que le roman élabore une sorte de dilemme identitaire : d'un côté, l'attrait des États-Unis et de la ville moderne, de l'autre, la fidélité à la terre et aux ancêtres canadiens-français. Alors que Maria s'abandonne à rêver à ce que seraient les merveilles des villes, voici que s'élèvent des voix, en particulier « la voix du pays de Québec, qui était à moitié un chant de femme et à moitié un sermon de prêtre » et dont les paroles quasi sacrées la persuadent de choisir la terre d'Eutrope : « Au pays de Québec rien ne doit mourir et rien ne doit changer. »

Cet éloge de la tradition est-il pour autant le point de vue du roman ? Le réalisme de Louis Hémon, proche de celui de Maupassant, exclut toute forme de thèse et révèle non pas l'adhésion du roman à l'idéologie du terroir, mais la force de ce discours (de cette voix) dans le Québec de cette époque. Journaliste, Hémon est un observateur aguerri de la société, mais il est surtout un romancier naturel. Même si la critique a maintes fois réduit le roman à un simple document ethnographique, reflet du Québec traditionnel, il s'agit d'un roman véritablement moderne, écrit dans une langue efficace et resserrée, construit autour de personnages qui constituent moins des types que des figures singulières et mémorables.

Malgré le succès de *Maria Chapdelaine,* il faudra plusieurs années encore avant que le roman ne prenne son essor au Québec, comme si le genre suscitait toujours d'importantes résistances, aussi bien idéologiques qu'esthétiques, et se butait à de réels obstacles commerciaux. À l'époque, il n'existe toujours pas d'infrastructure éditoriale permettant de produire et de rentabiliser la publication des romans, en dépit de certaines tentatives, comme la création en 1923 des Éditions Garand et d'une collection réservée au « Roman canadien ». Quelques auteurs y obtiennent des succès populaires, comme le prolifique Jean Féron, auteur de trente-cinq titres dont plusieurs romans historiques et patriotiques, ressemblant à ce qui se publiait au XIXe siècle. Dans cette veine ancienne, le résultat est de loin supérieur chez Robert de Roquebrune, dont *Les Habits rouges* (1923) et *Les Dames Le Marchand* (1927), publiés tous deux à Paris, sont écrits avec style et talent. Il l'est encore davantage dans le premier livre d'Alain Grandbois, *Né à Québec* (1933), récit historique racontant dans une prose magnifique la vie particulièrement romanesque de l'explorateur Louis Jolliet. Dans les années 1930, l'Histoire sert ainsi de réservoir à de jeunes romanciers qui y trouvent une source d'inspiration en accord avec les mots d'ordre du retour à la terre. C'est le cas tout particulièrement de Léo-Paul Desrosiers, dont l'œuvre romanesque, la première au Canada français à être publiée chez Gallimard, se démarque nettement par la vigueur du récit. Proche de Groulx et plus tard de Duplessis, Desrosiers écrit avec verve et parvient, dans *Les Engagés du Grand Portage* (1938), à faire revivre l'épopée de la traite des fourrures dans l'Ouest canadien. Dans un registre différent, *L'Ampoule d'or* (1951), situé en Gaspésie, crée un personnage à la fois ancien et original, celui d'une institutrice rejetée par sa famille pour avoir rejoint un matelot malgré l'interdit paternel, et dont l'étrange salut religieux passe non pas par la famille ou par l'Église, mais par l'amitié d'une sorcière et la lecture directe de la Bible.

Pendant que les romans historiques continuent de faire recette paraît un roman assez atypique, *La Scouine* (1918) d'Albert Laberge. Ce dernier n'en tire qu'une soixantaine d'exemplaires publiés à compte d'auteur, de sorte que le roman passe à peu près inaperçu jusqu'à ce que Gérard Bessette publie en 1962 une *Anthologie d'Albert Laberge*. *La Scouine* appartient comme *Maria Chapdelaine* à l'imaginaire du terroir, mais les voix de la nation se sont tues pour laisser parler les misères quotidiennes de la vie rurale. C'est ici *La Terre* de Zola qui sert de modèle, c'est-à-dire une vision naturaliste qui entre violemment en contradiction avec les bons sentiments associés à la littérature régionaliste. Dans ce monde âpre, pauvre et souvent mesquin, l'instinct primitif, l'appât du gain quand ce n'est pas la superstition commandent les actions. La « Scouine » est le surnom bizarre d'une jeune fille aux allures de garçonne, « interjection vague qui nous ramène aux origines premières du langage ». Qu'elle jette son chien au fond d'un puits pour conjurer le mauvais sort ou qu'elle vole un mendiant, c'est chaque fois un tableau impitoyable de la vie paysanne au XIXe siècle. On y voit la famille de la Scouine manger chaque soir, comme en un rituel de pauvres, « le pain sur et amer, marqué d'une croix ». À travers l'histoire de cette famille, Laberge peint toute une société soumise à la fatalité « de la race des perpétuels exploités de la glèbe ». Il le fait dans un langage cru et direct, délaissant le sentimentalisme et l'idéologie du roman de la terre pour des tableaux aussi concis que concrets. Le corps humain ou animal y est représenté de façon particulièrement audacieuse, que ce soit lorsque les camarades de classe urinent sur la Scouine pour la punir d'avoir dénoncé un des leurs ou lorsque le veau préféré de la Scouine se fait châtrer par « Bagon le coupeur ». Plusieurs critiques ont noté aussi l'humour qui traverse ce roman. Mi-commère mi-bigote, la Scouine se caractérise par sa candeur et par sa manière d'aborder les gens : on la voit ainsi apostropher bruyamment les passants ou raconter des histoires scandaleuses au vicaire qu'elle visite chaque dimanche avant la messe. Les événements tragiques deviennent pour elle prétexte à des récits enthousiastes, d'une inconvenance souvent loufoque. Après la mort de sa sœur jumelle, elle raconte ainsi avec une verve comique le récit des funérailles :

> De retour à la maison, la Scouine s'empressait d'aller raconter à la mère Lecomte la pompe de la cérémonie.
> — Un beau service, mame Lecomte, un charriot haut comme un voyage de foin.
> Et elle accumulait les détails, s'animant, bavardant, gonflée d'orgueilleuse satisfaction. Et voilà qu'elle salivait, que ses grosses lèvres épaisses lançaient jusque dans la figure de la vieille femme de petits grains humides que celle-ci essuyait avec son tablier bleu. Toute glorieuse, la Scouine déclarait :
> — M'sieu l'curé a dit qu'il avait jamais vu d'aussi beau cercueil dans son église, jamais vu d'aussi beau cercueil.

Le personnage de la Scouine rappelle à cet égard celui de Marie Calumet dans le roman déjà évoqué de Rodolphe Girard. Laberge disait de *Marie Calumet* qu'il s'agissait du « meilleur roman jamais imprimé au Canada ». Les deux romans ont aussi en commun d'avoir suscité la colère de l'Église : à propos de *Marie Calumet,* l'archevêque de Montréal, Mgr Bruchési, avait fait savoir que « les lois de l'Index en interdisent la lecture » ; en 1909, il a qualifié d'« ignoble pornographie » un épisode du roman de Laberge paru en revue.

La terre constitue l'horizon commun des romans des années 1930, mais elle est de moins en moins liée à l'appel de la race (Groulx) et à un idéal collectif, et de plus en plus saisie dans sa dimension concrète, comme un mode de vie menacé par le progrès moderne. Comme chez Laberge, elle se révèle à travers la misère d'individus mal dégrossis, parlant peu et pour qui elle est un travail et une possession, c'est-à-dire un bien matériel que chacun tente d'exploiter comme il peut. Si le retour à la terre apparaît à certains politiciens ou journalistes conservateurs comme un remède à la Crise de 1929 et au chômage qui sévit dans les villes, les meilleurs romans de la terre, ceux de Claude-Henri Grignon, Ringuet et Germaine Guèvremont, parlent tous d'un monde qui s'achève. C'est durant cette période de transition que le réalisme romanesque émerge véritablement au Québec.

Un homme et son péché (1933) de Claude-Henri Grignon donne le ton à ce « nouveau » réalisme paysan. Comme Laberge, Grignon est l'auteur d'un seul roman, si l'on fait exception d'un recueil de récits moins originaux, parus sous le titre *Le Déserteur* (1934). À la différence de *La Scouine*, *Un homme et son péché* aura une fortune exceptionnelle grâce notamment aux populaires séries radiophoniques et télévisuelles et aux adaptations cinématographiques qui le prolongeront et le renouvelleront pendant des décennies. La figure de l'avare, déjà présente dans les légendes canadiennes-françaises (voir par exemple la légende intitulée « Le Fantôme de l'avare » intégrée dans *Jeanne la fileuse* d'Honoré Beaugrand), acquiert avec le personnage pittoresque de Séraphin Poudrier une dimension proprement romanesque. Elle devient une figure familière, comique et monstrueuse à la fois, dont le péché et le drame sont ceux d'un être aliéné par son unique passion poussée ici à l'extrême limite. Séraphin veut posséder sa terre, au sens à la fois matériel et sexuel du terme. S'il réprime les désirs qu'il éprouve pour le corps de sa jeune femme Donalda, c'est pour mieux s'adonner à un péché plus intense que ceux des autres damnés : « Séraphin les dépassait tous par la perpétuelle actualité de son péché qui lui valait des jouissances telles qu'aucune chair de courtisane au monde ne pouvait les égaler. Palpitations de billets de banque et de pièces métalliques qui faisaient circuler des courants de joie électrisants jusque dans la moelle de ses os : idées fixes qu'il traînait avec lui. » À la fin du roman, lorsqu'il aperçoit sa maison qui brûle, il s'écrie : « C'est moi qui brûle », comme s'il n'y avait aucune différence entre la propriété et lui. Il se jette dans les flammes pour tenter de sauver sa fortune et meurt brûlé, la main fermée sur une pièce d'or.

Autant le réalisme théâtral de Grignon passe par la folie du personnage central, autant celui de Ringuet (pseudonyme de Philippe Panneton) dans *Trente arpents* (1938), modéré à la façon des fresques de Roger Martin du Gard, passe par le tableau familial et par l'observation minutieuse du milieu social qu'est la ferme canadienne-française au début du XXe siècle. Le trait n'est plus rapide ou incisif comme chez Laberge ou Grignon : l'écriture est ample, maîtrisée, capable de rendre compte de la lenteur des évolutions et de donner une certaine durée à l'aventure romanesque, comme c'était le cas dans l'œuvre de Louis Hémon, à qui on a d'emblée comparé le roman de Ringuet, publié lui aussi à Paris. Mais le mot « aventure » convient mal pour décrire ce roman qui épouse le rythme des saisons, décrit la plainte sans révolte de paysans ordinaires. L'auteur précise dans une formule qui rappelle les précautions des romanciers du XIXe siècle que ses personnages ne sont pas des héros. Il leur arrive ce qui arrive à tous ceux qui ont vécu de la terre et qui en ont subi les rigueurs, saison après saison, année après année. La force de *Trente arpents* et sa nouveauté dans le paysage romanesque québécois tiennent à l'équilibre du tableau, mais viennent aussi de la curieuse mélancolie qui semble émaner des personnages, des lieux mêmes, de cette terre à laquelle on ne croit plus comme avant, mais qui rappelle sa loi même au-delà des transformations modernes : « … à des hommes différents… […] une terre toujours la même… ». Ces derniers mots du roman, qui font écho à ceux de *Maria Chapdelaine,* transcendent l'opposition entre l'ancien et le nouveau pour transporter le terroir dans une sorte d'intemporalité qui ne renvoie plus désormais à la seule tradition nationale, mais à une sorte de morale universelle, à une grandeur et à une beauté perdues.

Dans *Le Survenant* (1945) de Germaine Guèvremont, l'ancien monde n'est pas envahi par l'industrie moderne, mais il est perturbé par l'arrivée d'un personnage qui relance le vieux conflit, déjà souligné dans *Maria Chapdelaine,* entre les sédentaires et les nomades, entre les habitants d'un village et la figure du Survenant dont on ne connaîtra jamais l'origine. Au milieu d'un monde ordonné, le Survenant symbolise bien sûr l'aventure, mais il incarne un inconnu familier qui sert moins à faire rêver les autres personnages d'un fascinant ailleurs, comme l'Amérique de Lorenzo Surprenant aux yeux de Maria Chapdelaine, qu'à les révéler à eux-mêmes. C'est le sauvage instruit, le « grand dieu des routes » qui devient une sorte de fils idéalisé du père Didace, l'exact opposé de son propre fils Amable, paresseux et jaloux. Dans un style bref et imagé, faisant, comme son cousin Claude-Henri Grignon, une place importante à la langue parlée et aux anglicismes (comme le fameux « Neveurmagne », juron favori du Survenant), Germaine Guèvremont s'attache moins au tableau social qu'à la particularité de chacun des personnages, aux désirs secrets, aux détails vrais. C'est aussi un des rares romans de la terre qui accordent une place importante aux personnages féminins, que ce soit Angélina, amoureuse du Survenant, ou l'Acayenne, sorte de Survenant féminin que le père Didace finira par épouser. L'originalité du roman tient enfin à la richesse des descriptions des lieux qui font pénétrer le lecteur dans l'espace concret plutôt que de simplement l'évoquer de loin, comme c'était généralement le cas dans le roman de la terre :

> Les grandes mers de mai avaient fait monter l'eau de nouveau. À mesure qu'il avançait, le Survenant s'étonna devant le paysage, différent de celui qu'il avait aperçu, l'automne passé. En même temps il avait l'impression de le reconnaître comme s'il l'eût déjà vu à travers d'autres yeux ou encore comme si quelque voyageur l'ayant admiré autrefois lui en eût fait la description fidèle. Au lieu des géants repus, altiers, infaillibles, il vit des arbres penchés, avides, impatients, aux branches arrondies, tels de grands bras accueillants, pour attendre le vent, le soleil, la pluie : les uns si ardents qu'ils confondaient d'une île à l'autre leurs jeunes feuilles, à la cime, jusqu'à former une arche de verdure au-dessus de la rivière, tandis qu'ils baignaient à l'eau claire la blessure de leur tronc mis à vif par la glace de débâcle ; d'autres si remplis de sève qu'ils

écartaient leur tendre ramure pour partager leur richesse avec les pouces rabougries où les bourgeons chétifs s'en-trouvraient avec peine.

Les idées nouvelles du roman

Chacun de ces écrivains tente à sa façon de sortir le roman des pesanteurs de l'idéologie du terroir, soit en accentuant la dimension régionaliste pour y trouver un archétype comme celui de l'avare, soit en mettant l'ancien monde à distance par un regard objectif qui refuse d'idéaliser la vie rurale et peint les habitants sous un jour réaliste. Chez d'autres écrivains, le roman devient un instrument de combat politique, que ce soit au nom d'un libéralisme contestataire, comme dans *Les Demi-Civilisés* (1934) de Jean-Charles Harvey, ou en dramatisant les malheurs de la nation et en rappelant le lecteur à son devoir de fidélité à la patrie, comme dans *Menaud, maître-draveur* (1937) de Félix-Antoine Savard. Ce sont deux œuvres diamétralement opposées sans doute, mais elles ont en commun d'être animées l'une et l'autre par un même idéalisme, une même ferveur, un même refus du romanesque auquel est opposée soit l'idéologie progressiste, soit l'épopée nationale. On se souvient généralement des *Demi-Civilisés* parce que le roman a été la cible de l'archevêque de Québec, Mgr Villeneuve (qui deviendra cardinal en 1938), ce qui a entraîné le renvoi de l'auteur du journal *Le Soleil* où il était alors rédacteur en chef. Le héros, Max Hubert, est un double de Harvey, journaliste en révolte contre la médiocrité des élites politiques et intellectuelles, défenseur des valeurs individuelles contre l'unanimité ambiante. Mais le passage de l'écriture journalistique à l'écriture romanesque se fait laborieusement et les idées politiques de l'auteur s'intègrent mal à la frêle intrigue sentimentale.

Dans *Menaud,* au contraire, nous sommes à mille lieues du journalisme : le roman se fait ici poème lyrique, chant de ralliement. Les valeurs collectives suscitent la passion de Menaud, marqué à jamais par la lecture de *Maria Chapde-laine* comme Don Quichotte par celle des romans de chevalerie. Les paroles prophétiques « Des étrangers sont venus » semblent décrire le danger qui guette la famille et la nation de Menaud au moment où une compagnie étrangère cherche justement à exploiter les ressources de la forêt de Charlevoix. Les rôles des bons et des méchants se distribuent de façon évidente, Menaud s'en prenant, après la mort accidentelle de son fils draveur, au personnage du traître (« Le Délié ») qui cherche à obtenir la main de sa fille. Celle-ci refuse, comme Blanche à la fin des *Anciens Canadiens,* mais Menaud n'en est que plus obsédé par la menace qui pèse. « Regardez ! Ils vont venir ! » À la fin du roman, la folie de Menaud retentit comme un « avertissement » qui sera entendu, une génération plus tard, par les écrivains de la Révolution tranquille pour qui le personnage de Menaud deviendra une sorte de visionnaire. Autant *Maria Chapdelaine* sera lu par ces écrivains comme un roman passéiste tourné vers les valeurs du terroir, autant *Menaud* sera interprété comme un récit moderne, annonciateur des luttes nationales et porté par le même lyrisme qui caractérisera la poésie du pays. Même s'il publie un autre roman (*La Minuit,* 1948), Savard sera plus à l'aise dans des proses poétiques comme celles de *L'Abatis* (1943).

La fin du roman de la terre se vérifie aussi par l'émergence de romans mettant en scène de jeunes personnages intellectuels ou bourgeois, habitant le plus souvent en ville, en train de vivre leur initiation à la vie adulte. Jovette Bernier écrit ainsi un court roman à caractère psychologique, intitulé de façon provocante *La Chair décevante* (1931). Le personnage central est une fille-mère qui se marie, devient veuve et se voue ensuite à l'amour de son fils Paul, qu'elle tente de protéger de l'inceste lorsqu'il veut épouser, sans le savoir, sa propre sœur.

Dans la même veine psychologique et chez le même éditeur (Albert Lévesque), Rex Desmarchais publie en 1932 *L'Initiatrice,* qui fait apparaître le passage du village à la ville et à une vision très littéraire de la société. Dix ans plus tard, Desmarchais donne à cette vision une dimension nettement plus politique dans un roman groulxien intitulé *La Chesnaie.* L'un des deux protagonistes, Hugues Larocque, « le Salazar des Canadiens français », rêve de lever une armée au Québec. Le roman se déroule en partie dans un domaine de Saint-

Eustache, la Chesnaie, où ont eu lieu certains épisodes de la rébellion de 1838. Le roman met aussi en scène un écrivain (Alain) et oppose à travers ce dernier l'écriture et l'action politique. Entre le militant extrémiste et l'écrivain mou et influençable, il y a Claire, la sœur d'Alain, qui incarne la force et la fidélité à la nation, comme Marie dans *Menaud* ou Blanche dans *Les Anciens Canadiens,* à ceci près toutefois que Claire finit par consentir à épouser un Anglais (prénommé également Archibald) pour se venger de Hugues.

En 1939, François Hertel (né Rodolphe Dubé) publie *Le Beau Risque,* une sorte de *Grand Meaulnes* saturé de références littéraires, inspiré aussi du *Disciple* de Paul Bourget. Le roman se déroule dans l'univers privilégié des collèges classiques que Hertel a longtemps fréquentés. Le narrateur, un prêtre professeur de Belles-lettres, décrit l'un de ses élèves, Pierre, une « mauvaise tête » qui s'amuse à exhiber un roman de Zola — « pas pour le lire : c'est bien trop ennuyeux, mais pour montrer qu'il ne craint rien ». Le maître enseigne à Pierre les chefs-d'œuvre littéraires, la « suprême beauté » des Évangiles. Pierre boit ses leçons, se reconnaît dans Nelligan (il lui rend d'ailleurs visite), tient un journal intime, mais il décide d'y mettre un terme et de vivre plutôt que d'écrire, de se « débourgeoiser », de courir ce que lui et ses camarades appellent « le beau risque ».

3

Le roman de l'individu
1945-1960

La Seconde Guerre mondiale marque l'imaginaire romanesque canadien-français même si les romans de guerre
demeurent rares. Citons tout de même deux romans écrits
par des volontaires ayant connu l'expérience du front : Jean-
Jules Richard fait ses débuts en littérature en publiant un
roman étrange, intitulé *Neuf jours de haine* (1948), où les
prétentions modernistes du style se mêlent à une vision
cynique de l'armée ; quelques années plus tard, Jean Vaillan-
court transformera son expérience personnelle en un récit
en apparence plus conventionnel, intitulé *Les Canadiens
errants* (1954). Ce témoignage vaut tout autant par la pré-
cision du récit que par les réflexions qu'il suscite sur les différences entre l'Amérique et l'Europe : « On dirait que les
gens de ces vieux pays-là y sont plus heureux que nous
autres. Qu'ils ont pas nos soucis, ou qu'ils s'en fichent. C'est
souvent pauvre comme du sel, et pourtant, avec le peu qu'ils
ont, on dirait qu'ils savent mieux prendre la vie que nous
autres. » En dehors de ces récits, la guerre entre surtout
indirectement dans le roman canadien-français, comme si
l'Histoire universelle surgissait tout à coup dans la conscience
collective.

On le voit bien dans *Bonheur d'occasion* (1945) de
Gabrielle Roy au moment où les journaux annoncent l'inva-
sion de la Norvège : ce qui se passe là-bas, de l'autre côté de
l'océan Atlantique, devient soudainement bien réel et enva-

hit la conscience de Rose-Anna, dont le fils Eugène s'est enrôlé pour échapper au chômage qui sévit à Montréal depuis la Crise :

> Elle resta hébétée un moment, l'œil dans le vide, et tirant sur la courroie de son sac. Elle ne sut pas d'abord d'où lui venait le coup qui la paralysait. Puis, dressée au malheur, sa pensée vola vers Eugène. De quelque façon inexplicable et dure, elle crut sur l'instant que le sort de son fils dépendait de cette nouvelle. Elle relut les gros caractères, syllabe par syllabe, formant à demi les mots du bout de ses lèvres. Sur le mot « Norvège », elle s'arrêta pour réfléchir. Et ce pays lointain qu'elle ne savait situer que vaguement, lui parut lié à leur vie d'une manière définitive et incompréhensible.

Tel est le grand choc de la guerre : le monde extérieur le plus éloigné fait irruption dans les mentalités des gens les moins voyageurs, les moins intellectuels. Les journaux et la radio abolissent les distances de sorte que la réalité la plus immédiate de Rose-Anna s'étend désormais à l'Histoire qui est en train de se faire outre-Atlantique.

Réalisme urbain : Gabrielle Roy, André Langevin, Roger Lemelin

En quoi une telle transformation se répercute-t-elle dans le roman canadien-français ? Il n'y a pas de lien direct entre l'horizon lointain que constitue la guerre et les mutations esthétiques du roman. Mais la réalité romanesque prend une autre dimension dès lors qu'elle ne peut plus se résumer aux mœurs locales, à l'histoire canadienne-française. La transition s'effectue par la ville, où l'on voit des défilés militaires et où la rumeur de la guerre se fait sentir. À partir surtout de *Bonheur d'occasion,* mais aussi des romans de Roger Lemelin (*Au pied de la pente douce,* 1944 ; *Les Plouffe,* 1948) et d'André Langevin (*Poussière sur la ville,* 1953), le roman canadien-français se modifie en profondeur : le décor urbain (et désenchanté dans le cas des romans de Roy et de Langevin) ne peut plus être confondu avec le vieux monde du terroir. La passion de l'histoire qui avait accompagné jusque-là le roman canadien-français cède la place à un travail d'observation et d'analyse de l'individu.

Trente arpents donnait déjà le ton de ce virage réaliste, mais c'était d'abord et avant tout un tableau familial, un roman sociologique ; *Le Survenant,* même s'il est l'exact contemporain de *Bonheur d'occasion,* appartient encore à la période précédente fascinée par le passé canadien-français : on y voit la rencontre d'une société sédentaire et d'un héros nomade qu'on ne connaîtra jamais vraiment. C'est l'individu qui devient le grand thème romanesque au milieu du siècle, un individu tourné vers sa propre intériorité plutôt que vers la collectivité. Plus exactement, c'est l'individu saisi dans sa relativité, dans ses rapports de plus en plus fragiles avec le monde extérieur, qu'il s'agisse de sa famille, de son milieu social, de son réseau d'amis, de l'Église ou de la nation. *Bonheur d'occasion* décrit certes la vie d'une famille canadienne-française dans le faubourg Saint-Henri au moment de la Seconde Guerre, mais c'est la figure singulière de Florentine Lacasse qui fait exister la ville comme jamais auparavant et qui donne au roman son élan, sa structure. Nous voyons littéralement la ville à travers les yeux de cette jeune femme dont l'ambition personnelle résume celle de sa génération : « Mais que cette ville l'appelait maintenant à travers Jean Lévesque ! À travers cet inconnu, que les lumières lui paraissaient brillantes, la foule gaie et le printemps même, plus très loin, à la veille de faire reverdir les pauvres arbres de Saint-Henri ! »

De même pour la triste ville minière de Macklin mise en scène dans *Poussière sur la ville,* qui prend forme grâce à l'espèce de détresse psychologique du médecin Alain Dubois. Peu importe que Macklin soit une ville fictive (inspirée par le modèle d'Asbestos) : par le regard du personnage, elle acquiert le même poids de réalité que le faubourg Saint-Henri de Gabrielle Roy. De tous les romanciers de cette période, c'est André Langevin qui parvient à donner la forme la plus achevée à la violence des passions individuelles, à la critique des valeurs collectives et au sentiment d'impuissance des personnages face à une réalité qui semble nier leur propre existence. Son premier roman, *Évadé de la nuit* (1951), oppose la passivité de Jean Cherteffe à l'action de son frère, Marcel, qui meurt au combat pendant que Jean se cherche en vain un destin et finit par se suicider. Dans *Poussière sur la ville,* c'est Madeleine, la femme du médecin Alain Dubois, qui finit par se suicider, après avoir trompé son mari. Le vrai scandale décrit par ce roman n'est toutefois pas l'adultère ou le suicide : c'est le silence inexplicable du mari, sa façon de fermer les yeux sur un comportement que toute la ville connaît et réprouve. Le prêtre le met en garde : « Tout le monde est au courant des agissements de madame Dubois et en parle. Et personne ne comprend votre attitude. » Alain refuse en effet de condamner sa femme, et, ce faisant, il se trouve à aggraver le ressentiment de la ville à l'endroit de Madeleine qu'il tente pourtant de protéger. Selon l'interprétation de Gilles Marcotte, Madeleine « est assassinée, assassinée par celui précisément qui la désire le plus, par son mari. » La réussite du roman tient à la sobriété de l'écriture et au fait que le personnage de Madeleine dépasse le conflit traditionnel entre l'individualisme et le conformisme de la bourgeoisie urbaine : Madeleine échappe à la fois aux valeurs conservatrices de sa société et aux valeurs libérales, progressistes de son mari pour qui « la liberté c'est de pouvoir se rendre au bout de son bonheur ».

Le réalisme de Roger Lemelin est plus léger, plus pittoresque. *Au pied de la pente douce* et *Les Plouffe* font revivre le quartier ouvrier de Saint-Sauveur dans la basse ville de Québec à partir de personnages nombreux qui sont autant de types sociaux et que Lemelin fait parler de façon naturelle et drôle. Sa manière truculente et son sens des dialogues font de ses romans des comédies de mœurs qui rappellent la verve des contes de Louis Fréchette un demi-siècle plus tôt. On y trouve cependant un personnage nouveau, celui de l'écrivain en herbe, Denis Boucher, dont l'ambition romantique fait sourire, freinée par la petitesse du rêve de celui qui, à la toute fin du roman, s'imagine un jour propriétaire d'une épicerie au milieu de son quartier, « où il se créerait une supériorité protégée par l'hermétisme de la paroisse ».

Centré sur l'individu, le roman canadien-français élargit à partir de 1945 le projet réaliste de la décennie précédente et l'ouvre aux nouvelles conditions sociales, liées à la vie urbaine et à l'essor de la bourgeoisie. En même temps, le contexte tourmenté de l'après-guerre favorise le goût pour l'universel et pour les grandes questions humanistes et existentielles de sorte que le roman devient de plus en plus psychologique. Le personnage est saisi dans ses combats secrets et ses drames inavouables, souvent en pleine crise morale et spirituelle ou au moment d'entrer dans la vie adulte. Il s'agit d'un roman d'apprentissage marqué par la double influence de l'existentialisme sartrien et de la psychanalyse. Le héros semble coupé de lui-même, séparé de la réalité, hanté par sa propre absence au monde. Ce sentiment d'aliénation traverse tout le roman de l'époque et lui donne une coloration toute particulière, comme si le personnage était constamment empêché d'agir, de s'engager dans la vie, de s'oublier lui-même. Le culte de l'intériorité est si fort qu'il oriente le projet réaliste vers des formes plus intimistes, comme le journal, et l'éloigne des grandes fresques sociales telles qu'elles ont pu apparaître ailleurs.

On voit bien ce mouvement dans la trajectoire de Gabrielle Roy, qui passe de *Bonheur d'occasion* à un recueil de récits bucoliques (*La Petite Poule d'Eau,* 1950) puis à un autre roman urbain, *Alexandre Chenevert* (1954), mais centré justement sur un seul personnage. Gabrielle Roy y brosse le portrait d'un modeste commis de banque dans la cinquantaine aux prises avec d'innombrables petits maux de santé. Le personnage est sans héroïsme, sans grandeur, il mène une vie sans histoire, mais son inquiétude, nourrie par la lecture quotidienne des journaux et par une sorte d'humanisme chrétien, est « aussi vaste que le monde ». Dans une note écrite à la main et non datée, Gabrielle Roy écrit ceci : « M. Chenevert passe tous les jours — Vous connaissez M. Chenevert. Nous sommes tous un peu des Alexandre Chenevert. » En 1948, au moment où elle commençait la rédaction de ce roman qui sera, de son propre aveu, pénible à écrire, elle confiait ses doutes dans une lettre à son mari : « Je m'abuse peut-être sur l'intérêt que peut présenter un tel être si peu dissemblable à tant d'autres. Mais je l'aime et cela me suffit. » Ainsi, même dans l'œuvre de celle qui l'incarne le plus fortement et en dépit du succès instantané de *Bonheur d'occasion* auprès du public et de la critique, le réalisme de type balzacien est loin de faire souche au Québec. Avec le cycle des récits intimistes ou nordiques inauguré par *Rue Deschambault* en 1955 et qui se poursuit avec *La Montagne secrète* (1961), *La Route d'Altamont* (1966) et *La Rivière sans repos* (1970), Gabrielle Roy paraît s'éloigner toujours davantage du réalisme urbain de *Bonheur d'occasion.* Quelque peu marginalisée durant la Révolution tranquille, elle renoue avec le succès dans la dernière partie de sa vie. En 1978, elle reçoit le prix du Gouverneur général pour *Ces enfants de ma vie* et, jusqu'à sa mort en 1983, elle travaille à son autobiographie, *La Détresse et l'Enchantement* (1984), qui sera célébrée, malgré son inachèvement, comme une sorte d'aboutissement de toute son œuvre.

Le personnage de l'écrivain

On comprendra peut-être mieux ce qui distingue le roman du milieu du siècle des « classiques » du terroir que sont *Un homme et son péché* ou *Trente arpents* en notant que le personnage type du roman des années 1950, contrairement à ce qui se passait auparavant, est bien souvent un intellectuel, un écrivain, un « romancier fictif », selon l'expression maintes fois reprise du critique André Belleau. Entre l'individu et la réalité sociale, la littérature s'impose de façon naturelle, tantôt comme un refuge, c'est-à-dire une façon d'échapper au monde ou de lui opposer les hauteurs de l'esprit, tantôt comme le seul moyen d'entrer dans le monde et de s'y frayer un chemin, mais au prix d'une distance jamais comblée. Il arrive fréquemment que ce personnage soit aussi le narrateur et qu'il multiplie les signes de son idéal littéraire, les références à des œuvres, non pas tant en intériorisant le rêve nelliganien qu'en accordant à l'écriture le pouvoir de porter à la conscience la réalité derrière les apparences, de rompre avec les hypocrisies, de saisir les motivations les plus inavouables des individus, de marquer *La Fin des songes* (1950), pour reprendre le titre emblématique du roman le plus connu de Robert Élie. Comme les essais abordant ces sujets demeurent encore très rares, c'est le roman qui permet, plus que tout autre genre, d'accéder à une nouvelle forme de connaissance de soi, d'entrer en profondeur dans la psyché d'un individu qui cherche moins à agir dans le monde qu'à se comprendre. L'impuissance à traduire le rêve d'écriture dans une forme d'action conduit toutefois ces personnages à un mélange de dépit à l'égard de soi et de ressentiment à l'égard des autres.

Les passions violentes sont nombreuses dans le roman de cette période, violence contre autrui mais aussi, bien souvent, violence contre soi-même, d'où les nombreux personnages de suicidés. C'est le cas de Marcel, dans *La Fin des songes.* Père de famille, traducteur, lecteur de Stendhal, Marcel incarne une sorte de rêveur constamment ramené à la banalité de sa propre vie, à ses échecs amoureux, à sa conscience malheureuse. À l'inverse de son beau-frère Bernard, être d'action, Marcel est un vaincu social. Il n'est pas anodin que ce soit précisément lui, l'être passif par excellence, et non Bernard, que Robert Élie place au centre de son roman. Il y a là un trait d'époque, comme si le héros ambitieux, telle Florentine Lacasse dans *Bonheur d'occasion,* était l'exception plutôt que la règle. Marcel ne cherche pas à lutter contre ceux qui lui barrent la route, ou contre la réalité. Il se demande plutôt : « Mais à quoi se raccrocher, quelle réalité saisir ? » La réponse est toujours la même : la réalité de l'écriture. Marcel tiendra un journal qui forme la clé de voûte de ce roman psychologique.

« Il est dur, sans transition, de faire un intellectuel d'un paysan. » Les mots sont tirés du premier roman de Robert Charbonneau, *Ils posséderont la terre* (1941), mais ils pourraient s'appliquer à l'ensemble des personnages de cette période. André Laroudan est un adolescent passionné de littérature, comme son ami Edward Wilkins, fils de bonne famille bourgeoise, qui rêve, lui, de sortir des livres, de s'engager dans l'action, de s'abandonner à ses désirs. L'un et l'autre s'efforcent d'accorder leur individualisme naissant à la foi catholique (« Heureux les humbles car ils posséderont la terre »). Ce sera aussi le cas de Julien Pollender dans l'autre roman d'apprentissage de Charbonneau, *Fontile* (1945), du *Mathieu* (1949) de Françoise Loranger ou de Fabrice Navarin dans *Mon fils pourtant heureux* (1956) de Jean Simard. Le romancier de cette époque est fasciné par la complexité psychologique de l'individu empêtré dans ses contradictions, mélange d'orgueil et de haine de soi, d'altruisme et de misanthropie, d'appétits charnels et de pulsions de mort.

Si le réel paraît hors de portée pour ce type de personnage, c'est aussi que le langage semble toujours faire écran, comme si l'outil du romancier, mal adapté à la réalité qu'il cherche à saisir, se retournait contre lui-même. On le voit bien dans le seul roman de Berthelot Brunet, *Les Hypocrites* (1945), qui brosse le portrait de Philippe, jeune intellectuel en révolte, personnage démonique à la Dostoïevski, être bouffon qui se déteste autant qu'il déteste les autres « hypocrites » (comme lui-même). Philippe choisit le notariat (comme Berthelot Brunet) pour avoir des histoires à raconter, pour la vertu romanesque de ce métier où les secrets de famille se révèlent. Mais l'écriture est une illusion au même titre que la « dope » qu'il ne cesse de consommer pour supporter le dégoût de soi, sa « saison en enfer » : « avons-nous des instruments pour toucher la réalité ? Puis-je être assuré, dans un monde qui n'est qu'un monde de mots, de quoi que ce soit ? »

Dans son *Histoire de la littérature canadienne-française* (1946), Brunet écrit : « Le roman canadien-français resta longtemps la timidité même. » Pourquoi tant de réserve, se demande-t-il ? Trop de considérations morales : « Il va de soi qu'aucune loi n'exige que le roman ou le drame traite de l'amour coupable, mais le monde est ainsi fait que l'écrivain perd de ses moyens lorsque, dans la peinture de l'amour, il ne frôle pas le péché. » Les romanciers véritables, pour lui, n'existent qu'à partir de Claude-Henri Grignon, Ringuet et Robert Charbonneau. Même là, avoue-t-il, le Québec n'est pas un « pays de romans ».

Anne Hébert

Le péché ou la violence des passions trouveront à s'exprimer autrement dans les romans d'une poète, Anne Hébert. Chez elle, il ne s'agit pas seulement d'interroger la réalité qui aliène l'individu, qui le rend absent à lui-même et au monde, mais d'aller au-delà du monde visible et d'élargir l'écriture roma-

nesque au monde des symboles. Anne Hébert imagine dans
son récit *Le Torrent* (1950) un personnage d'adolescent qui
aurait grandi à l'abri du monde extérieur. François est élevé
par sa mère dans une ferme séparée de toute civilisation. À
douze ans, il rencontre un vagabond par qui il apprend le
passé honteux de sa mère, qu'on appelait « la grande
Claudine ». C'est pour le protéger de l'humiliation sociale
que sa mère s'est retirée du monde, éduquant son fils afin
qu'il devienne prêtre et qu'il puisse racheter la honte qu'elle
traîne avec elle. Ce drame de la solitude la plus extrême
engendrera la révolte du fils dans une sorte de crescendo de
violence qui aboutira au meurtre de la mère puis, une fois
François seul avec lui-même, à son suicide dans le torrent.

Fascinée par le mystère et par les pulsions secrètes de
l'être, Anne Hébert aborde l'individu non par ce qui lui assure
une identité, mais par ce qui le pervertit et l'aliène. Dans
Kamouraska (1970), son roman le plus célèbre, cette violence
prendra la forme d'un crime passionnel se déroulant à
Kamouraska peu après les rébellions des patriotes en 1837-
1838. Loin des conventions du roman historique, *Kamouraska* est habilement construit autour de la culpabilité d'Élisabeth d'Aulnières, complice du meurtre de son « monstrueux
mari » par son amant anglophone, le docteur George Nelson. Trahissant ce dernier durant le procès, elle devient
ensuite une femme respectable de Québec, épouse du
notaire Rolland, mais reste hantée par ses désirs anciens : « Je
dis "je" et je suis une autre. [...] J'habite la fièvre et la
démence, comme mon pays natal. » C'est aussi le meurtre
(en l'occurrence un double meurtre) qui sera à l'origine de
son autre grand roman, *Les Fous de Bassan* (1982, prix
Femina), inspiré d'un fait divers survenu en Gaspésie en 1936.
Que s'est-il passé au juste pour que soient tuées deux
jumelles ? Le roman ne cherche pas à résoudre le mystère,
mais à y pénétrer. Il se présente comme une partition à plusieurs voix, chacune des parties étant racontée tour à tour par
les différents protagonistes du drame, y compris par le coupable, Stevens, qui n'éprouve nul remords, comme s'il portait
la mort en lui-même. Tous les personnages de la communauté, du reste, sont coupables à quelque degré. Même le
pasteur du village, dont les souvenirs ouvrent le roman, est

possédé par l'instinct de destruction, lui qui avait abusé des jumelles pour assouvir ses pulsions sexuelles. Sa femme se pend en apprenant la nouvelle de la bouche de l'idiot du village. L'inceste flotte d'un bout à l'autre du roman, comme si le désir sexuel, dans une société où chacun est le parent direct ou indirect de l'autre, ne pouvait qu'être sacrilège. Tous ressemblent, comme le suggère le titre métaphorique du roman, aux « fous de Bassan », ces oiseaux qui vivent en communauté sur les bords du fleuve Saint-Laurent.

Toute l'œuvre romanesque d'Anne Hébert est hantée par la poésie du mal et met en scène des personnages marginaux : l'enfant sauvage (François dans *Le Torrent*), l'artiste (Michel dans *Les Chambres de bois,* 1958), le meurtrier (George Nelson dans *Kamouraska* ou Stevens dans *Les Fous de Bassan*), la sorcière (Julie de la Trinité dans *Les Enfants du sabbat,* 1975), et d'autres, plus étranges encore, comme le vampire (*Héloïse,* 1980) ou le travesti (Jean-Éphrem de la Tour dans *Un habit de lumière,* 1999). Ces personnages ne sont toutefois pas des types, au sens balzacien du terme. Anne Hébert s'intéresse à des individus qui, par une sorte de fatalité intérieure plus proche de la tradition catholique et du roman gothique que de la *Comédie humaine,* se trouvent au-delà ou en marge des conventions sociales. C'est précisément cela qui les relie les uns aux autres, en bordure du monde quotidien, dans un univers où les pulsions ne connaissent pas de demi-mesures, toujours associées à la mort.

Autres voix romanesques

Les romanciers d'après-guerre, on l'a vu, demeurent pour la plupart prudents et appliqués. Ils se surveillent, hantés par quelque « Grand Gendarme », comme l'écrira Robert Élie en 1966, imitant de trop près le roman français de la première moitié du siècle. C'est ce que leur reprochaient les critiques de l'époque, pour qui le roman canadien-français était livresque, artificiel et souvent ennuyeux. Vu d'aujourd'hui, ce roman paraît cependant moins austère et surtout moins homogène qu'on ne l'a dit. On oublie par exemple de signaler l'existence d'une autre veine que celle du roman psycho-

logique, une veine plus fantaisiste, illustrée par des satires **49**
comme *Félix* (1947) de Jean Simard ou par l'étonnant *Profil
de l'orignal* (1952) de la journaliste Andrée Maillet, roman
qualifié à l'époque de surréaliste par le critique Roger Duha-
mel. Le refus des valeurs sociales s'exprime ailleurs de façon
très crue, comme dans *Orage sur mon corps* (1944) d'André
Béland, qui aborde le thème de l'homosexualité au risque de
choquer les lecteurs de l'époque. Dans *Au-delà des visages*
(1948), André Giroux tente de comprendre les motifs ayant
poussé un jeune homme de bonne famille à assassiner une
jeune femme qu'il venait tout juste de rencontrer. Dans un
style encore plus débridé que celui de *Neuf jours de haine, Le
Feu dans l'amiante* (1956) de Jean-Jules Richard s'inspire
directement de la grève d'Asbestos et prend la défense des
ouvriers tandis que *Journal d'un hobo* (1965) suit un hippie
androgyne voyageant, à la façon d'un héros de Jack Kerouac,
à bord d'un train transcanadien. *Les Vivants, les Morts et les
Autres* (1959) de Pierre Gélinas propose une des rares incur-
sions dans le milieu communiste montréalais, autour de la
figure d'un syndicaliste désenchanté.

L'œuvre la plus éloignée de la veine psychologique est
toutefois celle d'Yves Thériault, l'une des plus abondantes et
des plus diversifiées de cette période. Thériault s'intéresse
moins aux mœurs et à la psychologie qu'aux instincts profonds de l'être humain, aux pulsions élémentaires d'individus
en chair et en os. Son œuvre compte une vingtaine de contes
et de romans, parmi lesquels se démarquent *Aaron* (1954),
le premier roman canadien-français qui aborde de front la
culture juive de Montréal, et surtout *Agaguk* (1958), le roman
le plus connu de Thériault. Sous-titré « roman esquimau »,
Agaguk dépasse le simple roman ethnologique et présente
des personnages à la fois réalistes et plus grands que nature.
La scène la plus spectaculaire du roman est celle du combat
entre Agaguk et le grand Loup blanc, figure mythique lon-
guement analysée par Gérard Bessette. Au terme de ce combat surnaturel, Agaguk est blessé au visage, selon un motif
déjà exploité dans *Angéline de Montbrun* de Laure Conan.
Mais alors qu'Angéline rompait le lien amoureux et s'isolait
de tous après avoir été défigurée à la suite d'une mauvaise
chute, c'est au contraire l'épanouissement du couple qui,

dans *Agaguk,* devient tout à coup possible dès lors qu'Agaguk perd littéralement son visage, son identité, pour être sauvé par Iriook. Pour André Brochu, Agaguk et sa femme Iriook forment « le premier vrai couple de notre roman ». Iriook devient l'égale de l'homme, selon une thématique de la libération sexuelle qui traverse une bonne partie de l'œuvre de Thériault. Notons à ce sujet que les personnages féminins forts demeurent assez rares chez les romanciers de cette période, si l'on fait exception de Florentine dans *Bonheur d'occasion,* de Madeleine dans *Poussière sur la ville* et de quelques autres, comme Ly Laroudan, la sœur d'André dans *Ils posséderont la terre,* dont le comportement très libre scandalise sa famille.

4

Le roman comme espace d'invention
1960-1980

La transformation la plus spectaculaire dans l'histoire du roman québécois a lieu dans les années 1960. C'est aussi la période la plus étudiée et la mieux connue : les romans de Jacques Ferron, Gérard Bessette, Hubert Aquin, Jacques Godbout, Marie-Claire Blais ou Réjean Ducharme ont fait l'objet de très nombreux commentaires, tant au Québec qu'à l'étranger, et plusieurs de leurs titres sont devenus des classiques du répertoire québécois. Ces romans sont lus, le plus souvent, en regard de l'effervescence culturelle, sociale et politique de la Révolution tranquille. Le roman parle le langage de son époque, il en adopte la liberté créatrice, le lyrisme, la frénésie, le désordre jubilatoire, mais aussi la crainte de l'échec et le vertige devant l'Histoire. La première phrase de *Prochain épisode* d'Hubert Aquin fournit une image poétique qui résume à elle seule la contradiction qui sous-tend toute la « révolution tranquille » : « Cuba coule en flammes au milieu du lac Léman pendant que je descends au fond des choses. » D'un côté, la révolution cubaine et la violence de l'incendie ; de l'autre, la quiétude d'un lac situé au cœur de la Suisse. Les deux pôles sont renvoyés dos à dos au nom de la seule expérience qui compte véritablement, celle du sujet qui descend au fond des choses. « Cette phrase, écrit Gilles Marcotte, est la définition même de la Révolution tranquille. »

Les changements qui marquent le roman de cette

période paraissent plus profonds à bien des égards que ceux observés au cours des périodes précédentes. Ils sont aussi extraordinairement rapides, comme si les digues se rompaient tout à coup (« Que soit brisé l'écrou du golfe », écrit Jacques Ferron dans *Le Saint-Élias*). Le mouvement s'effectue plus soudainement que du côté de la poésie. Celle-ci a commencé sa « révolution tranquille » dès la décennie précédente et plusieurs des recueils majeurs des années 1960 sont en fait des reprises de poèmes ou de recueils écrits ou parus dix ans plus tôt. Chez les romanciers, la coupure est plus nette et elle tient, en grande partie, à un refus de raconter des histoires comme on en racontait jusque-là au Canada français. Sur le plan formel, le romancier n'aspire plus à prouver qu'il écrit bien, qu'il maîtrise les codes de la langue ou les techniques du roman. Au contraire, plusieurs des meilleurs écrivains de cette période affirment écrire mal, comme pour se libérer d'un surmoi linguistique et se débarrasser d'une certaine raideur de style. « J'écris mal et je suis assez vulgaire. Je m'en réjouis », crâne Mille Milles, le narrateur du *Nez qui voque* de Réjean Ducharme. La question de l'aliénation individuelle et collective, déjà très présente dans le roman des années 1950, n'est plus seulement un thème dans le roman des années 1960 : elle se transpose dans la forme même du roman et perd sa gravité psychologique pour devenir prétexte à des jeux d'écriture en tous genres. Dès lors, le roman devient non plus seulement le lieu privilégié pour interroger l'homme d'ici ou pour exprimer l'identité nationale, mais un espace d'invention.

Ni le vieux roman de la terre, ni le roman de type réaliste, ni même le roman psychologique des années 1950 ne semblent exister aux yeux des romanciers qui émergent dans les années 1960, que ce soit comme modèles ou comme anti-modèles. Tout se passe comme s'il s'agissait de recommencer à neuf, de refaire l'Histoire pour mieux participer au présent, de se projeter dans des personnages aussi jeunes que les romanciers eux-mêmes, d'observer le monde avec une curiosité nouvelle, avec une créativité d'autant plus remarquable qu'elle trouve immédiatement son public. Il y a longtemps au Québec qu'on attend le grand écrivain. Dès sa sortie au Cercle du livre de France en 1965, *Prochain épisode* fait l'effet d'une bombe dans le paysage littéraire. Jean Éthier-Blais, l'un des critiques les plus influents de l'époque, écrit dans *Le Devoir* : « Nous n'avons plus à le chercher. Nous le tenons, notre grand écrivain. Mon Dieu, merci. » L'enthousiasme s'amplifie avec le prix Médicis octroyé en 1966 à Marie-Claire Blais pour *Une saison dans la vie d'Emmanuel.* Et la sortie du premier roman de Réjean Ducharme la même année déclenche une véritable affaire médiatique, les rumeurs les plus farfelues circulant dans les journaux (en France comme au Québec) sur l'identité de l'auteur de *L'Avalée des avalés* publié chez Gallimard. Une telle frénésie ne s'était jamais vue auparavant autour du roman canadien-français, que l'on appellera bientôt « roman québécois » après le manifeste que la revue *Parti pris* publie en 1965 sous le titre « Pour une littérature québécoise ». Celle-ci, pour reprendre l'expression du critique et romancier Gérard Bessette, est en ébullition.

Le nombre de romans inédits publiés chaque année demeure pourtant relativement modeste (environ vingt-cinq), comme quoi la quantité de textes parus ne constitue pas un facteur fiable quand vient le temps de mesurer la vitalité d'une époque. Un demi-siècle après la Révolution tranquille, on mesure mieux la force exceptionnelle des quelques romans qui ont marqué cette époque et qui ont eu une influence profonde sur les romanciers québécois des générations suivantes. Il est difficile d'expliquer une telle explosion de talent par des facteurs précis : l'essor d'une nouvelle bourgeoisie francophone de plus en plus instruite (l'école est devenue obligatoire et gratuite au Québec en 1943), la mise en place d'un champ littéraire local capable de soutenir les éditeurs et les écrivains, la nécessité de créer un roman québécois moderne en phase avec les mutations du genre en France et ailleurs en Occident, l'émergence d'une véritable critique d'accompagnement ayant lu les grandes œuvres modernes (notamment Jean Éthier-Blais, Gilles Marcotte), le sentiment d'urgence né de la situation politique du Québec, le contexte international favorable à l'émergence des petites cultures (« *small is beautiful* », disait-on), le rapprochement de la culture littéraire et de la culture populaire, le refus d'un certain surmoi linguistique qui avait longtemps paralysé l'écrivain canadien-français, l'intégration de thèmes nouveaux liés notamment à la libération sexuelle et à la ville, tout cela participe de façon plus ou moins forte au renouveau du roman québécois.

Ce renouveau se manifeste par trois caractéristiques principales : l'inventivité de la langue, l'autoréflexivité et la dimension politique. L'écrivain s'empare de la langue non pas à la façon d'un virtuose, mais plutôt au nom d'une liberté d'expression qui le conduit à jouer avec les codes, à mêler les niveaux de langue en insistant sur les usages vernaculaires (que ce soit le « joual », les « sacres » ou d'autres formes familières) qui sont alors immédiatement interprétés comme l'expression d'une identité nationale. Il multiplie par ailleurs les commentaires sur sa propre écriture, faisant de l'autoréflexivité une sorte de seconde nature. À peu près tous les romans majeurs de la Révolution tranquille ont pour héros un personnage qui écrit. C'est là un trait qui donne son unité à ce corpus au-delà des variations stylistiques de chaque romancier. Il ne s'agit plus seulement de représenter un personnage d'écrivain au milieu de la société, comme le faisaient les romanciers vers 1950 : l'écrivain fictif occupe désormais toute la place et prend lui-même les rênes du récit en exhibant les signes contradictoires de son écriture. Cette conscience est d'autant plus exacerbée qu'elle revêt une dimension politique. « Écrire me tue », affirme Hubert Aquin en 1964 dans un de ses essais les plus célèbres (« Profession : écrivain »). Le romancier y dénonce le « piège » dans lequel tombent les écrivains québécois incapables de s'engager politiquement. Mais comment échapper à ce piège par l'écriture elle-même ? Hanté par la fragilité ou la futilité de sa parole, le romancier des années 1960 s'interroge sur la part d'aveuglement qui va de pair avec son désir d'action et il ne cesse de mettre en scène ce qui résiste à l'enthousiasme collectif.

Jeux formels : Gérard Bessette, Jacques Godbout, Hubert Aquin

Le renouveau du roman québécois surgit quelques années après que les structures traditionnelles du roman réaliste ont été sérieusement ébranlées en France par le Nouveau Roman.

Ce que Nathalie Sarraute a appelé « l'ère du soupçon » s'applique jusqu'à un certain point aux romans de Gérard Bessette, Jacques Godbout ou Hubert Aquin, entre autres, tous nourris de la lecture des romans de Robbe-Grillet ou de Claude Simon. Mais le Nouveau Roman, en France, est loin de constituer un mouvement homogène et il trouve surtout son unité par opposition au modèle balzacien. Or, on a vu dans les chapitres qui précèdent à quel point ce modèle est peu opérant aux yeux du romancier canadien-français. Autre élément distinctif : le Nouveau Roman français s'est rapidement valu la réputation d'être exigeant à la lecture, voire hermétique. Sauf quelques exceptions, le roman de la Révolution tranquille se caractérise au contraire par son souci de faire du lecteur un complice. S'il multiplie les expériences d'écriture et les jeux de miroir qui brouillent la transparence du récit, il n'en cherche pas moins à séduire son lecteur et à créer un langage qui lui permette de se reconnaître d'emblée. C'est seulement une décennie plus tard que le roman québécois ira franchement du côté d'un formalisme radical (inspiré à la fois du Nouveau Roman et de la revue *Tel Quel*), lequel l'éloignera d'ailleurs du public pour le confiner à un lectorat restreint.

Dans les années 1960, les romanciers les plus acclamés au Québec sont aussi les plus novateurs, les plus audacieux, les plus extravagants. On s'en convaincra en observant le peu d'impact qu'ont alors les œuvres intimistes ou écrites dans un français plus conventionnel, comme c'est le cas des deux tomes du roman autobiographique de Claire Martin *Dans un gant de fer* (1965-1966). La même observation vaut d'ailleurs à propos des romanciers de la période précédente, Gabrielle Roy, André Langevin, Anne Hébert ou Yves Thériault, dont les romans ont peu à voir avec la question nationale.

L'un des premiers romanciers à saisir l'ampleur des changements qui s'opèrent à l'aube de la Révolution tranquille est Gérard Bessette. Critique, romancier et professeur de littérature à l'Université Queen's de Kingston (Ontario), Bessette incarne la figure du « romancier professeur » qui deviendra courante par la suite. Son premier roman, *La Bagarre* (1958), appartient encore à la veine sociale de la période précédente, centré sur le personnage de Jules Lebeuf qui renonce à son projet de roman pour se lancer dans la bagarre syndicale. Le deuxième roman de Bessette, *Le Libraire* (1960), est d'une tout autre facture. Dense et ironique, ce roman met en scène un personnage, Hervé Jodoin, parti de Montréal pour s'installer dans la petite ville de Saint-Joachin où il travaille dans une librairie. Le roman est en fait le journal que tient ce personnage désabusé, non pas pour se comprendre, mais simplement « pour tuer le temps ». L'expression doit s'entendre au sens fort : le journal tue le temps romanesque. On ne connaît à peu près rien du passé d'Hervé Jodoin, sinon qu'il a déjà été professeur. On sait aussi qu'il n'a aucun projet d'avenir. Tout se passe donc dans le présent de l'écriture, et c'est cette mise au premier plan du langage lui-même, comme construction du réel, qui fait la marque des romans de Bessette, comme de plusieurs autres romans de cette période. Contrairement aux personnages d'écrivains dans les romans psychologiques, Jodoin s'intéresse moins à comprendre les profondeurs de l'être qu'à faire du langage une réalité en soi. Sa nouveauté tient aussi à son humour, à sa façon de ne pas se prendre au sérieux. La chambre qu'il loue a les proportions exactes d'une feuille de papier (onze pieds sur huit et demi). Le personnage s'amuse à rebondir sur les paroles d'autrui, à les prendre au mot, avec un esprit de dérision qui dépasse la simple satire sociale. Bessette poussera plus loin le goût pour l'expérimentation langagière dans son roman suivant, *L'Incubation* (1964), directement inspiré de *La Route des Flandres* de Claude Simon. Il continuera à faire du roman un lieu pour la recherche d'innovation formelle dans ses romans ultérieurs, notamment *Le Semestre* (1979) et *Les Dires d'Omer Marin. Roman-journal* (1985), où l'on voit le personnage du roman précédent en train de commenter ce dernier.

Jacques Godbout alterne entre le roman, l'essai, le cinéma, le journalisme, l'édition et le militantisme laïque. Son œuvre se nourrit de l'actualité sociale et politique, comme on le voit par exemple dans *Le Couteau sur la table* (1965), qui fait écho aux premiers attentats du Front de libération du Québec, ou plus tard dans *Les Têtes à Papineau* (1981), qui met en scène un garçon bicéphale, allégorie de la dualité nationale au lendemain du premier référendum sur la souveraineté du Québec. Mais le roman le plus connu de Godbout demeure *Salut Galarneau !* (1967) avec pour héros François Galarneau, écrivain-ethnographe et roi du hot-dog. Comme *Le Libraire,* le roman se compose des cahiers que remplit le personnage narrateur. Mais au lieu d'être parachuté au milieu d'une société rurale sous le joug d'un clergé pour qui la lecture de Voltaire est scandaleuse, François vit au cœur de la ville moderne et regarde la télévision. Il a deux frères, l'un dans les œuvres charitables et l'autre à Radio-Canada où il est scripteur. C'est ce dernier qui est le véritable écrivain de la famille. C'est aussi pour aller vers lui que Marise, avec qui il vivait depuis deux ans, décidera de partir. Abandonné des siens, François se fait alors emmurer vivant chez lui et s'écrit des lettres qu'il poste dans sa salle de bains ou dans son réfrigérateur. Cette scène comique illustre bien la situation de l'écrivain québécois qui ne veut plus jouer à l'ethnographe de service, et qui se révolte en se séparant physiquement des autres. Mais ce qu'il voudrait, au fond, ce n'est pas vivre en dehors du monde, c'est créer un « mur de papier, de mots, de cahiers ». Ou, mieux encore, c'est parvenir à *vécrire,* selon le mot-valise qu'il invente à la toute fin du roman : « Je sais bien que de deux choses l'une : ou tu vis, ou tu écris. Moi je veux *vécrire.* »

Hubert Aquin parle souvent du roman dans le journal qu'il écrit alors qu'il est dans la vingtaine. Il s'en prend en particulier au roman psychologique, au roman qui veut représenter fidèlement le monde. Marqué par la lecture de James Joyce, de Vladimir Nabokov et du Nouveau Roman français, Aquin annonce déjà ses couleurs : « je crois bien n'être pas romancier — tout au plus fabuliste : j'ai encore plus d'attrait pour les mythes que pour les tranches de vie. » Or, de tous les romans de la Révolution tranquille, aucun n'a eu un impact aussi immédiat dans le paysage intellectuel québécois que *Prochain épisode.* Le héros narrateur est un espion québécois jamais nommé, au service d'une mystérieuse femme blonde (appelée « K »). Au nom de la cause séparatiste, il se lance aux trousses d'un personnage à l'identité tout aussi incertaine, appelé H. de Heutz et vivant en Suisse. Sur fond de délire paranoïaque, d'érudition, de militantisme national et de révolution internationale, le narrateur raconte l'échec de sa mission en mélangeant de façon jubilatoire le réel et le fictionnel, la logique implacable du roman d'espionnage et les convulsions épileptiques de sa prose qui ne cesse de faire retour sur elle-même. « Je farcis la page de hachis mental, j'en mets à faire craquer la syntaxe, je mitraille le papier nu, c'est tout juste si je n'écris pas des deux mains à la fois pour moins penser. Et soudain, je retombe sur mes pieds, sain et sauf, plus vide que jamais, fatigué comme un malade après sa crise. » Lucidité et folie se côtoient d'une manière radicale qui ne s'était guère vue jusque-là dans le roman québécois, et de façon d'autant plus saisissante que le roman comporte aussi une dimension autobiographique évidente. Écrit durant les quatre mois d'internement de l'auteur à l'hôpital psychiatrique Albert-Prévost, *Prochain épisode* reprend les thèmes privilégiés par Aquin dans ses essais sur la fatigue culturelle du Canada français et sur les paradoxes politiques de l'écriture, coupable de faire le jeu du dominant même lorsqu'elle en appelle à la révolution. C'est pourquoi l'accomplissement de celle-ci ne pourra se faire qu'en dehors du roman, lequel revendique son inachèvement, pour laisser toute la place au « prochain épisode ». Ce n'est qu'après, c'est-à-dire une fois les combats terminés, que le roman pourra se conclure.

Le roman québécois le plus brillamment autoréflexif a aussi, on le voit, une dimension nettement politique, mais c'est avant tout l'exemple le plus spectaculaire de déconstruction romanesque. Tout est faux ici, et se donne comme faux : le roman se présente comme un faux roman d'espionnage, l'identité de H. de Heutz ne cesse de changer et le narrateur fait de son propre échec le moteur de son écriture. Ce roman de la vitesse et du fantasme révolutionnaire trouve paradoxalement son sens tragique dans l'incapacité d'agir du narrateur, plusieurs fois mentionnée dans le texte :

> Je me déprime et me rends à l'évidence que cet affaissement est ma façon d'être. Pendant des années, j'ai vécu aplati avec fureur. J'ai habitué mes amis à un voltage intenable, à un gaspillage d'étincelles et de courts-circuits. Cracher le feu, tromper la mort, ressusciter cent fois, courir le mille en moins de quatre minutes, introduire le lance-flammes en dialectique, et la conduite-suicide en politique, voilà comment j'ai établi mon style.

Les romans suivants d'Aquin pousseront plus loin les pirouettes formelles et multiplieront les personnages doubles, au point de devenir un véritable défi de lecture. *Trou de mémoire* (1968) met ainsi en scène quatre narrateurs différents, dont deux interviennent dans des notes de bas de page, l'un contredisant parfois l'autre. Au centre de l'intrigue se trouve le corps d'une femme violée puis assassinée par un des narrateurs, un pharmacien révolutionnaire de Montréal appelé Pierre X. Magnant. La violence sexuelle l'emporte sur le désir révolutionnaire et devient une façon de provoquer le lecteur. Ce dernier est encore plus dérouté dans les deux autres romans publiés par Aquin, *L'Antiphonaire* (1969), placé sous le signe de l'épilepsie et de l'ésotérisme, et *Neige noire* (1974), qui emprunte la structure d'un scénario de film. Nicolas Vanesse abandonne sa carrière de comédien (son dernier rôle est celui de Fortinbras dans *Hamlet*) pour réaliser un film autobiographique qui mélange, comme les autres romans d'Aquin, l'univers réel et l'univers fictif, mais qui peut aussi se lire comme la transposition moderne de la tragédie de *Hamlet*. La traduction anglaise du roman, par Sheila Fischman, porte d'ailleurs un titre qu'Aquin aimait beaucoup, *Hamlet's Twin*.

Jacques Ferron

Autant l'œuvre d'Aquin exhibe les signes d'une modernité internationale, autant l'œuvre de Jacques Ferron trouve son inspiration dans la petite histoire locale, nourrie par la tradition orale et par l'imaginaire du conte. Mais chez Ferron, comme chez Aquin, la réalité n'est pas une donnée fiable et le roman est tout sauf une représentation réaliste du monde. Ferron arrive au roman après être passé par le conte et il n'y a pas de rupture, dira le critique Jean Marcel, lorsqu'il passe d'un genre à l'autre. C'est comme si le roman continuait le conte dans un format élargi, et de plus en plus au fur et à mesure qu'on avance dans la décennie. Après la publication des *Contes du pays incertain* (1962), qui lui vaut une notoriété immédiate dans le milieu intellectuel québécois, Ferron publie rapidement une série de romans, *Cotnoir* (1962), *La*

Nuit (1965), *Papa Boss* (1966) et *La Charrette* (1968), suivis de son roman le plus long et le plus foisonnant, *Le Ciel de Québec* (1969), sorte de chronique fantaisiste du Québec des années 1937-1938, qui coïncident avec la publication de *Regards et jeux dans l'espace* du poète Saint-Denys Garneau, une des figures importantes du roman. « Livre absolument baroque », selon la formule de Ferron lui-même, *Le Ciel de Québec* raconte avec malice les dessous de l'histoire intellectuelle, religieuse et politique du Québec, deux décennies avant la Révolution tranquille.

Ferron revient ensuite aux plus petits formats et donne ses romans les plus personnels, notamment *L'Amélanchier* (1970), qui met en scène Tinamer de Portanqueu, sorte d'Alice au pays des merveilles racontant son enfance. D'une apparente sérénité, *L'Amélanchier* n'en contient pas moins les thèmes les plus troublants de l'œuvre de Ferron, notamment celui de la folie, que Tinamer découvre à travers son père qui travaille dans un hôpital psychiatrique, comme Ferron lui-même. En 1971, *Les Roses sauvages* reprend aussi ce thème de la folie, mais sur un ton plus douloureux. Le roman se termine par une histoire de cas, une « Lettre d'amour » d'une patiente de l'hôpital psychiatrique écrivant à son cher époux. De la fiction au témoignage, l'écart tend à rétrécir.

Plusieurs des romans de Ferron sont aussi des réécritures de textes antérieurs, parfois considérablement augmentés. *La Charrette* développe ainsi le conte « Le Pont » déjà publié dans *Contes du pays incertain*. De la même façon, *Les Confitures de coings* (1972) est une réécriture de *La Nuit* et de *La Charrette,* mais adaptée à la suite des événements d'Octobre 1970. Convaincu que le mouvement indépendantiste avait été l'objet d'une vaste machination, Ferron en a beaucoup voulu à certains anglophones jusque-là sympathiques à la cause des Québécois, notamment Hugh MacLennan et Frank R. Scott, ce dernier sous le nom de Frank Archibald Campbell. Révolté, Ferron fait suivre ses *Confitures de coings* d'un « Appendice aux *Confitures de coings* ou le congédiement de Frank Archibald Campbell ». On y lit : « Frank Archibald Campbell dont j'ai beaucoup écrit, mais toujours avec révérence et une sorte d'amitié, […] n'est plus pour moi qu'un ridicule épouvantail à corneilles, une manière d'imbé-

cile presque aussi méprisable que ce Hugh MacLennan. » De
la fiction à l'actualité politique, l'écart tend aussi à rétrécir.

Si collée soit-elle à la petite histoire, au contexte politique et même à l'autobiographie, l'œuvre de Ferron n'en acquiert pas moins une dimension symbolique dont témoigne par exemple *Le Saint-Élias* (1973). Ferron y plonge dans le XIXe siècle canadien-français et propose une allégorie nationale autour d'un trois-mâts baptisé « le Saint-Élias » en l'honneur du curé de Batiscan qui prononce des paroles prophétiques au moment où le navire est mis à l'eau : « Vous me demanderez pourquoi nous l'avons construit. Je vous répondrai que ç'a été pour briser l'écrou de notre pays. Il était bon de rester enfermés aussi longtemps que nous n'étions pas un peuple. Mais ce peuple, nous le sommes enfin devenus : que soit brisé l'écrou du golfe ! » Aux yeux de son plus célèbre disciple, Victor-Lévy Beaulieu, Ferron aura été « le seul romancier québécois qui ait tenté, tout au long d'une œuvre maintenant essentielle, de nous donner une mythologie ».

Marie-Claire Blais

La réalité, chez Marie-Claire Blais, est plus lourde, plus noire et plus scandaleuse que chez Aquin ou Ferron. Son œuvre est portée par une constante indignation face aux injustices sociales et à la misère humaine. Elle prend le parti des marginaux, des exclus ou des artistes. La question nationale n'y est pas absente, mais d'autres questions surgissent de façon plus évidente, notamment la question de la femme et, plus tard, celle de l'homosexualité. Tout en revendiquant une conscience sociale, cette œuvre tend à s'élever, plus qu'aucune autre œuvre romanesque de cette période, vers le sublime et la poésie. L'écriture aspire à une beauté qui acquiert une fonction salvatrice, comme si elle pouvait délivrer l'individu de ses propres démons. Partout se pose la question du mal, comme chez Anne Hébert, mais à partir d'un ancrage social et d'un romantisme politique plus immédiatement reconnaissables, plus préoccupés par les drames contemporains. Appuyée à ses débuts par le critique américain Edmund Wilson et séjournant ensuite régulièrement aux

États-Unis, Marie-Claire Blais a aussi incorporé à son écriture une série de références à la violence de cette société marquée par la guerre du Viêtnam, la révolte des Noirs ou le chaos des grandes villes.

Ses premiers textes tiennent à la fois du conte (*La Belle Bête*, 1959) et du récit poétique (*Tête blanche*, 1960) et reçoivent un accueil discret. C'est à partir d'*Une saison dans la vie d'Emmanuel* (1965) qu'elle s'impose comme une romancière de premier plan, même avant l'attribution en France du prix Médicis en 1966. La description des lieux et le portrait des personnages, comme chez les autres romanciers de cette période, sont comme volontairement inachevés : nous sommes à la campagne, au milieu d'une famille étrange qui rappelle le monde ancien du roman de la terre mais dont Marie-Claire Blais propose une parodie. Les parents ont l'air d'y être de simples figurants, supplantés par l'autorité immuable de Grand-Mère Antoinette qui règne sur toute la tribu. Parmi celle-ci se trouve la figure centrale de Jean Le Maigre, un adolescent tuberculeux qui aime sa maladie et joue avec sa mort prochaine. Il emprunte à Rimbaud son insolence pour mettre le monde immédiat sens dessus dessous, pour mêler la poésie, la laideur et le mal. Les bons sentiments passent à la moulinette de son ironie : « Ah ! les gens vertueux me dégoûtent ! » Il parle ainsi à son frère appelé le Septième, avec qui il se livre joyeusement au péché de la chair. Joyeusement, c'est-à-dire avec une légèreté et un esprit de dérision qui contrastent violemment avec le sérieux des individus qui l'entourent. L'humour de Jean Le Maigre est féroce, mais Marie-Claire Blais dira plus tard que cet humour constitue « la partie la plus lumineuse du livre », insistant sur la part d'espoir que comporte le rire de Jean Le Maigre.

Est-ce pour cela que ce personnage rebelle est aussi le préféré de Grand-Mère Antoinette, comme s'il portait une vérité éternelle perceptible seulement aux yeux de la figure la plus ancienne ? Entre les deux, entre l'aïeule et l'adolescent, il y a une complicité immédiate, comme si l'un et l'autre n'avaient aucun compte à rendre au reste du monde. Le roman pratique le grand écart entre celle qui incarne la tradition la plus archaïque et celui qui symbolise la vision la plus moderne. Au milieu, il n'y a qu'un gouffre où va disparaître tout ce qui voudrait assurer le sens de la continuité, de la linéarité de l'Histoire, d'une évolution progressive, c'est-à-dire le monde des parents (absents) ou celui des institutions (qui pourrissent de l'intérieur, l'Église étant incarnée ici par des prêtres pédophiles).

Le passé est encore très présent dans la trilogie amorcée avec *Manuscrits de Pauline Archange* (1968) où la narratrice se souvient des blessures et des humiliations d'une enfant soumise aux religieuses qui « berçaient [s]a vie de leur cruelle bonté ». Dans cette autobiographie fictive, l'adjectif pèse plus lourd que le nom, et les seules révélations fiables sur la vie de l'auteure concernent sa naissance à l'écriture, qui est peut-être le véritable sujet de ce roman, beaucoup plus en tout cas que dans l'autobiographie de Claire Martin, *Dans un gant de fer,* qui aborde le même thème de la vie au couvent. Chez Blais comme chez les romanciers les plus novateurs de la Révolution tranquille, l'écriture n'est pas un simple moyen de communiquer, de raconter une histoire : elle installe une distance ambiguë entre soi et le monde, distance à la fois revendiquée et vécue comme une faute, nourrie par une révolte dans laquelle se reconnaîtra toute une génération de lecteurs.

À partir des années 1970, Marie-Claire Blais s'éloigne du contexte québécois et décrit des drames qui sont ceux de toute l'humanité. Elle évoquera des guerres, le souvenir de la Shoah ou d'Hiroshima, l'horreur des famines, les inadmissibles inégalités raciales ou sociales, la souffrance subie et provoquée des homosexuels ; elle évoquera aussi l'utopie d'un monde fraternel, fondé sur une nouvelle tolérance, sur la compassion à l'égard des victimes et surtout sur les pouvoirs libérateurs de l'écriture. Cette orientation ne cesse de s'amplifier à partir de *Visions d'Anna* (1982), et surtout de *Soifs* (1995) qui inaugure un long cycle romanesque peuplé de dizaines de personnages situés dans une île du sud de la Floride. Ce qui frappe dans cette ambitieuse architecture romanesque, c'est l'absence de découpage habituel, c'est-à-dire de paragraphes, et la rareté des signes de ponctuation forts (les phrases sont généralement séparées par des virgules plutôt que par des points). L'actualité la plus brûlante se superpose aux réminiscences et aux obsessions des personnages, dans une sorte de chant à plusieurs voix. Quelques modèles littéraires sont mentionnés (Dante, Dostoïevski), mais la littérature est noyée dans une série de références à d'autres formes artistiques qui s'adressent plus directement aux sens : la musique, la peinture, la sculpture, la danse. L'aspiration au sublime, déjà lisible dans les premiers écrits de Marie-Claire Blais, s'exprime ici dans un lyrisme que les lois du romanesque n'entravent plus. L'écriture est plus littéraire, plus poétique que jamais, comme si elle voulait sortir du cadre strictement romanesque pour produire un effet d'envoûtement, au nom d'un idéal politique et éthique qui oppose à l'atmosphère d'apocalypse une forme d'espoir, liée à la beauté même du langage.

Réjean Ducharme

Entre le premier roman de Réjean Ducharme, *L'Avalée des avalés* (1966), et son plus récent, *Gros mots* (1999), c'est au contraire la continuité de l'écriture qui est remarquable. On a parlé très tôt d'un style ducharmien, voire d'une langue ducharmienne. Celle-ci se reconnaît à sa manière de jouer avec les mots, de trouver dans le style le plus familier une intensité de l'émotion qui explique pourquoi plusieurs critiques ont d'abord rapproché Ducharme d'un romancier comme Céline. « Je suis avalée par le fleuve trop grand, par le ciel trop haut, par les fleurs trop fragiles, par les papillons trop craintifs, par le visage trop beau de ma mère », lit-on au début de *L'Avalée des avalés.* Le monologue de Bérénice Einberg est plus enragé que celui de Jean Le Maigre, et il n'y a rien qui existe en dehors de lui. La réalité du monde adulte est comme avalée par celle qui se sent avalée. Rien ne lui résiste, pas même la langue. Quand celle-ci ne lui suffit pas, elle invente le « bérénicien » pour mieux exprimer sa colère. Dans *Le nez qui voque* (1967), Mille Milles se prétend poète et conclut un pacte de suicide avec son amie Chateaugué. Les premières phrases du roman mêlent allègrement le vrai et le faux, l'historique et le fictionnel, le général et le personnel : « Le soir de la reddition de Bréda, Roger de la Tour de Babel, avocat au Châtelet, prit sa canne et s'en alla. En 1954, à Tracy, Maurice Duplessis, avocat au Châtelet, mourut d'hémorragie cérébrale ; célèbre et célibataire. J'ai seize ans et je suis un enfant de huit ans. » Le roman se présente comme une « chronique », une succession d'instants placés sous le signe du refus : refus de l'âge adulte, de la vie moderne (symbolisée ici par les automobiles), du sexuel, mais aussi refus de la forme romanesque traditionnelle à laquelle Mille Milles oppose le désir d'absolu et le désordre d'une écriture qui s'accorde tous les droits.

On aurait tort toutefois de voir là une simple fantaisie de mots libérés de toute contrainte à l'égard du monde réel. Aucun romancier de l'époque ne parle avec autant de passion et de justesse de la réalité ambiante, mais il le fait en partant de la vérité même du personnage. Aujourd'hui encore, nous nous souvenons de ces romans à travers les figures familières de Bérénice, de Mille Milles et de Chateaugué. Nous ne pensons pas de la même façon aux romans de Ferron, Aquin, Bessette ou Godbout. Non pas que ces auteurs n'aient pas créé quelques figures attachantes, mais ce sont d'autres dimensions du texte qui retiennent d'abord l'attention du lecteur. Chez ces écrivains, le personnage s'inscrit dans un univers de sens qui tient tout seul, soit parce qu'il renvoie à une structure sociale donnée — le libraire ou le vendeur de hot-dogs —, soit parce qu'il s'inscrit dans une tradition littéraire précise (du conte au Nouveau Roman). Chez Ducharme, le texte ne tient pas debout sans le personnage. Celui-ci est premier : il n'est plus chargé de représenter la réalité sociale ou de déplacer telle ou telle forme narrative, mais de mettre le monde à l'épreuve d'une voix singulière. Ce n'est pas un hasard si Ducharme attache tant d'importance au nom du personnage, le plus souvent un nom inventé, fabriqué sur mesure, comme si le texte trouvait dans ce geste l'expression la plus accomplie du pouvoir de création romanesque.

On se souvient tout autant de Nicole et André Ferron dans *L'Hiver de force* (1973), unis par le rêve de faire en sorte « qu'y ait plus rien ; quand y aura plus rien on pourra plus dire du mal de rien ». La posture révolutionnaire est devenue si commune, si banale que Nicole et André ont cessé d'y croire. Ils ne vont donc plus s'exclure des groupes, comme le faisaient les personnages des romans précédents, mais plonger dans le milieu culturel le plus immédiatement reconnaissable : ils vont regarder les films à la télévision jusqu'à l'épuisement, ils vont cultiver l'amitié d'une artiste d'avant-garde (Laïnou), ils vont tout faire pour devenir les amis de la chanteuse populaire surnommée « Petit Pois » (dite la Toune), égérie des nationalistes et des révolutionnaires québécois, ou pour obtenir un emploi de Roger DeGrandpré. Rien de tout cela ne dure, toutefois, et André s'accroche à leur « fier désespoir » comme à la seule valeur sûre : « Il n'y a rien qui tienne ; il n'y a rien tout court ; il faut partir de cette hypothèse et ne pas la quitter. »

Quatorze ans après la parution des *Enfantômes* (1976) qui contient les « mémoires » de Vincent Falardeau rédigés « à la lumière d'une bougie plantée dans une bouteille de Seven up », Ducharme revient au roman avec *Dévadé* (1990). Le décor a changé, la réalité a acquis une épaisseur qu'elle n'avait pas dans les romans antérieurs. Bottom, dont le nom renvoie à Rimbaud et à Shakespeare, est au service d'une grande bourgeoise paraplégique qui lui fait écouter Mozart tout en le payant pour faire ses courses ou exécuter de menus travaux. Quand il n'en peut plus d'entendre Mozart, il replonge dans sa vie ancienne de « rada », il retourne chez sa « déesse » Juba Caïne, comme s'il avait besoin de ressentir le poids de la misère et de la malédiction pour retrouver le sens de sa propre vie. Mêmes allers-retours dans *Va savoir* (1994) entre la vie ancienne de Rémi Vavasseur, au milieu des prostituées de Montréal, et la grâce de l'enfant Fanie qui joue avec lui pendant qu'il remet en état une vieille bicoque des Laurentides pour y accueillir sa femme « Mamie », qui ne reviendra jamais de son voyage au bout du monde. Dans ces deux romans comme dans *Gros mots,* qui multiplie les renvois aux romans précédents et constitue en ce sens une sorte d'œuvre-bilan, la révolte des personnages ne disparaît pas, mais elle revêt un sens différent. L'idée même de conflit perd sa pertinence, tant les personnages qui entourent le héros (la patronne dans *Dévadé,* la mère de Fanie dans *Va savoir*) gagnent son affection et n'ont plus rien à voir avec les adversaires souvent ridicules des premiers romans. Le héros, dès lors, n'a plus de combat à mener, pour nourrir sa révolte il n'a qu'à s'en prendre à lui-même et à résister à son envie de disparaître au milieu du néant, comme dans cette image emblématique tirée de *Gros mots* : « Parlez-moi d'un chemin blanc. Parlez-moi d'un voyage blanc entre deux berges blanches. »

La critique a beaucoup lu l'œuvre de Ducharme en fonction de son contexte immédiat, tant sont nombreuses les résonances qu'elle a avec son époque, avec le discours ambiant. L'histoire littéraire la place le plus souvent, comme c'est le cas ici, à côté des autres œuvres représentatives de la Révolution tranquille, celles d'Aquin, de Ferron ou de Blais. Presque un demi-siècle après la sortie de *L'Avalée des avalés,* il convient toutefois de prendre acte du fait que l'œuvre de Ducharme s'impose plus qu'aucune autre œuvre romanesque au Québec et occupe une position unique. Aucune n'a exercé une influence aussi forte parmi les romanciers de la génération suivante (Sylvain Trudel, Louis Hamelin, Gaétan Soucy, parmi d'autres) et aucune n'a reçu un accueil aussi admiratif au Québec et à l'extérieur du Québec, comme cet hommage récent du romancier français Richard Millet : « De bons romans paraissent sans doute en français au Québec ; mais il n'y a là-bas qu'un seul grand écrivain — et encore vit-il caché : Réjean Ducharme, maître de la dérision, comme Gombrowicz. »

Déconstructions et reconstructions romanesques

Si les années 1960 voient le roman québécois se transformer en profondeur, c'est aussi qu'il existe un nombre significatif de romanciers moins connus mais qui jouent un rôle important dans cette mutation. Plusieurs d'entre eux publient leurs livres aux Éditions du Jour, fondées en 1961 par le journaliste Jacques Hébert, où la collection « Romanciers du Jour » rassemble quelques romanciers déjà connus (Yves Thériault, Jacques Ferron) et surtout plusieurs romanciers appartenant à la nouvelle génération, notamment Marie-Claire Blais, Jean Basile, Roch Carrier, Victor-Lévy Beaulieu, André Major, Michel Tremblay, Jacques Poulin. Sans être une école littéraire ni même un mouvement comme a pu l'être la maison d'édition l'Hexagone du côté de la poésie, les Éditions du Jour parviennent à attirer des romanciers qui, au premier abord, semblent n'avoir rien en commun. On y produit à un rythme accéléré des livres de facture très sobre et bon marché qui se vendent bien et contribuent ainsi à élargir le lectorat des romanciers québécois. On y trouve un mélange curieux de formes, tantôt proches de la tradition du conte et de la question nationale, comme les livres de Ferron ou *La Guerre, yes Sir!* (1968) de Roch Carrier, tantôt tournés vers les expérimentations formelles, la vie urbaine ou la contre-culture américaine. Peut-être parce qu'ils sont moins directement liés à la thématique nationale, les romans appartenant à cette mouvance ont été moins étudiés que les premiers.

Le romancier le plus méconnu à cet égard est sans doute Jean Basile, auteur d'une trilogie audacieuse : *La Jument des Mongols* (1964), *Le Grand Khan* (1967) et *Le Voyage d'Irkoutsk* (1970). L'action se situe au cœur du Montréal underground et cosmopolite, sur la *Main* (boulevard Saint-Laurent). Trois jeunes Montréalais, les trois « J » (Jérémie, Jonathan et Judith), s'y sentent chez eux, séduits par le charme désordonné de cette rue où cohabitent des immigrants venus d'un peu partout. Ils se répètent la leçon de leur ami et mentor, Victor : « Sans la Main, mes enfants, je crois bien que je détesterais Montréal. » Le roman de Basile se caractérise par sa forme audacieuse, inspirée du procédé joycien du *stream of consciousness* et marquée aussi par toutes sortes de licences syntaxiques. D'où le désordre apparent de la narration, qui semble tenir de l'improvisation, au gré d'associations rapides et de vifs échanges de paroles. Dans l'extrait qui suit, le romancier mime le bric-à-brac des cultures et donne à voir l'énergie de la rue hétérogène où se côtoient le grave et le léger, le noble et le vulgaire, le faux et le vrai, le kitsch et l'exotique.

> Montréal, ce n'est décidément ni Florence ses madones blondes, ni Venise sa lagune ses canaux, ni Babylone ses jardins suspendus et Sémiramis, ni même Carthage ses ruines, un peu Athènes cependant avec ses nombreux Grecs qui ouvrent ici et là clubs et restaurants remplis immanquablement de fausses fleurs, pergolas, cieux, danseuses turques le nombril orné d'une pierre du Rhin épaules

couvertes de voiles de nylon façon mousseline, enfants du
Pirée d'ailleurs plutôt spartiates, musique jouée par des
instrumentistes amateurs sur des bouzoukis faux et la cupi-
dité, vraie celle-là il faut bien qu'une chose soit de temps
en temps authentique. Jonathan dit : « Je me demande
bien ce que vous pouvez trouver d'attrayant dans ces lieux
nauséabonds. » Moi : « Parce qu'ainsi nous prenons mieux
la ville aux tripes et que les tripes, dans l'animal, c'est ce
qu'il y a de plus intéressant. » Judith : « La Main, c'est notre
dimension tragique, la fameuse dimension tragique de ce
vieil imbécile d'Eschyle. »

Passionnés de littérature moderne et de contre-culture
américaine, les trois « Mongols », selon le titre du premier
roman de la trilogie, se livrent à toutes sortes d'expériences
(pornographie, homosexualité, drogue), attirés par l'amitié,
par l'amour qu'incarne la « jument » Armande, la maîtresse
de Jérémie, et par la révolution politique. À la différence des
romans de Ducharme à qui on a souvent comparé Jean
Basile, on a affaire ici à un trio d'individus qui ne croient pas
à l'absolu des sentiments. Ils s'adonnent à des actes d'une
cruauté de plus en plus insoutenable au fur et à mesure
qu'on progresse dans la trilogie.

Cette misère est également très présente dans les
quelques romans écrits en joual et publiés pour la plupart à la
maison d'édition Parti pris en 1964-1965. On pense surtout
au *Cassé* (1964) de Jacques Renaud, court roman reçu par la
critique comme un « coup de poing en pleine figure » (Jean
Éthier-Blais). Nulle distance ici entre la violence verbale du
texte et la colère nauséeuse de son personnage Ti-Jean.
D'autres romanciers se réclament du joual, comme André
Major (*Le Cabochon,* 1964) ou Claude Jasmin (*Pleure pas,
Germaine,* 1965), mais l'effet d'imitation se fait rapidement
sentir et la charge politique de tels romans se révèle ambiguë :
Ferron dira du joual que « ça ne s'écrit pas » et Major lui-
même s'en détournera, affirmant que le joual est une « anti-
écriture » qui ne peut aboutir qu'à une sorte de « populisme ».

Débarrassé de ses anciennes inhibitions, le roman québécois des années 1970 veut tout montrer : le corps indécent et
ses pulsions les moins avouables, la violence des désirs et des

haines, la ville dans toute sa laideur, la folie destructrice, etc. Ce naturalisme radical s'exprime d'autant plus librement qu'il s'accompagne bien souvent d'un rejet catégorique des conventions réalistes. Aux yeux de nombre d'écrivains émergeant au début des années 1970, dont plusieurs sont passés par les départements de lettres des universités ou ont lu les auteurs de la revue *Tel Quel*, le genre romanesque, plus particulièrement le roman réaliste, ne peut que conforter les habitudes de lecture associées à l'ordre bourgeois. Refuser le roman réaliste, c'est refuser d'embellir le monde, de lui prêter un ordre rassurant, de créer des personnages auxquels le lecteur puisse s'identifier. Pour être pris au sérieux par ses pairs, le romancier doit se doubler d'un critique ou d'un théoricien. La déconstruction de l'écriture devient un fait de génération, comme on le voit dans les « machines textuelles » de Jean-Marie Poupart (*Que le diable emporte le titre,* 1969), Nicole Brossard (*Un livre,* 1970), Louis-Philippe Hébert (*Récits des temps ordinaires,* 1972) ou André Brochu (*Adéodat I,* 1973).

Après le succès du roman québécois durant la Révolution tranquille, les années 1970 sont celles du désenchantement. Le sentiment de perte et d'impuissance est partout présent, suscitant des réactions souvent violentes de la part de personnages frustes, toujours sur le point d'exploser. On passe du rêve à la réalité, et à une réalité brutale et vide de sens, livrée aux instincts et aux pulsions d'individus sans avenir. La famille et la société semblent avoir éclaté. L'expérience de la réalité tourne presque toujours à la déception, voire au désastre. L'euphorie des commencements a disparu, laissant place à des espoirs vite anéantis. Le monde contemporain est chaotique et plus aliénant que jamais. Ce monde, en outre, a quelque chose d'insaisissable et ne se laisse appréhender qu'à travers la conscience d'individus qui en subissent les affronts et l'absurdité. La violence même sur laquelle s'ouvre la décennie, avec la crise d'Octobre 1970, se répercute dans plusieurs œuvres, comme *Corridors* (1971) de Gilbert La Rocque ou *Un rêve québécois* (1972) de Victor-Lévy Beaulieu.

De tous les romanciers québécois des années 1970, c'est Victor-Lévy Beaulieu qui occupe de la façon la plus ambitieuse l'ancien territoire du roman national. Il prolonge et amplifie à bien des égards le roman des années 1960, notamment celui de Jacques Ferron, que Victor-Lévy Beaulieu admire comme un maître. Il reprend la thématique du pays, mais soumet celle-ci à une pulsion d'écriture qui atteint à une sorte de mégalomanie, comme en témoigne la publication de plus d'une cinquantaine de titres (romans, essais, théâtre) rassemblés par les soins de l'écrivain qui est aussi éditeur. Son entreprise romanesque prend la dimension d'une saga dès le deuxième titre, *Race de monde* (1969), qui inaugure *La Vraie Saga des Beauchemin.* La famille des Beauchemin comprend douze enfants dont trois jouent un rôle important dans la saga : Jos, le mystique incapable d'affronter la réalité (*Jos connaissant,* 1970), Steven, le poète exilé à Paris (*Steven le hérault,* 1985), et surtout Abel, le romancier, qui porte à lui seul tout le projet de l'auteur et qui est clairement présenté dans l'œuvre comme le double de celui-ci. Dans *Don Quichotte de la démanche* (1974), Abel est abandonné par sa femme Judith et rêve de rompre les digues de l'imagination créatrice, d'ouvrir la conscience collective aux mythes universels, comme celui de Don Quichotte. Mais c'est le désenchantement du « si pauvre Abel » qui devient le véritable thème du roman, comme d'ailleurs de l'ensemble de l'œuvre de Victor-Lévy Beaulieu. Ce sont aussi les signes de l'échec qu'il recherche lorsqu'il écrit ses étonnantes « lectures fictions » consacrées à des écrivains, dont Herman Melville (*Monsieur Melville,* 1978) et, plus tard, James Joyce (*James Joyce, l'Irlande, le Québec, les mots. Essai hilare,* 2006).

D'autres romanciers de cette époque déplacent les conventions du roman réaliste dans un style discret et classique qui tranche autant avec les frasques langagières des romanciers « vedettes » de la Révolution tranquille qu'avec le formalisme des romanciers « avant-gardistes » des années 1970. C'est le cas de Jacques Benoit dont le premier roman, *Jos Carbone* (paru aux Éditions du Jour en 1967), a été tout de suite admiré par Ferron. Après ce conte envoûtant situé au cœur d'une forêt, le même auteur ira vers le réalisme fantastique avec *Les Princes* (1973) dans lequel il invente une ville peuplée de chiens savants, de monstres et d'hommes « Bleus ». C'est aussi à cette période que commencent à écrire les premiers romanciers qu'on pourrait qualifier de « migrants ». Outre Jean Basile (né de parents russes), on pense à Naïm Kattan dont le premier roman, *Adieu Babylone* (1975), raconte son enfance parmi la communauté juive de Bagdad, et à Jacques Folch-Ribas, d'origine catalane, émigré d'abord en France puis au Québec et auteur d'une douzaine de romans (notamment *Une aurore boréale* en 1974 et *Dehors les chiens* en 1986) traversés par le thème de l'exil.

Plus on avance dans la décennie, plus le poids de la théorie se fait sentir, chaque roman voulant réinventer sa forme. L'intervention inopinée de l'auteur au milieu de la fiction s'avère si fréquente qu'elle devient, aux yeux d'une certaine critique, un lieu commun qui va de pair avec l'abandon des éléments qui définissent traditionnellement le roman, à savoir la cohérence de l'intrigue, la mise en place d'un décor reconnaissable et la présence de personnages identifiables. Chez Roger Magini (*Entre corneilles et Indiens,* 1972), Roger Des-Roches (*Reliefs de l'arsenal,* 1974) ou Geneviève Amyot (*L'Absent aigu,* 1976), le formalisme gagne en importance, associé à la « nouvelle écriture » des poètes (plusieurs des romanciers de cette période étant d'abord des poètes).

Si ce roman antiromanesque associé à une nouvelle génération s'écrit contre le réalisme traditionnel et trouve son lectorat surtout parmi les milieux lettrés, les années 1970 voient aussi paraître des romans qui acceptent les conventions du réalisme et obtiennent un important succès public. Il s'agit parfois d'œuvres de maturité, comme *Kamouraska* d'Anne Hébert. Mais c'est aussi le cas d'œuvres plus jeunes, comme celle d'André Major, qui publie au milieu des années 1970 une des œuvres les plus fortes du répertoire réaliste, une trilogie intitulée *Histoires de déserteurs* (1974-1976). Paradoxalement, la critique a davantage parlé des petits romans « joualisants » de Major, parus dans les années 1960, que de cette vaste trilogie qui est pourtant son œuvre la plus aboutie. C'est qu'une telle œuvre, inspirée de Simenon et de Tchekhov, entre difficilement dans la case du roman national et, de surcroît, elle est écrite dans une langue sobre, discrète et maîtrisée qui semble étrangère aux irrégularités en tous genres que cultivent ses compatriotes. Major y crée un personnage lugubre, Momo, tout juste sorti de prison, menacé de mort et incapable d'échapper à son destin malgré la protection que lui accorde l'inspecteur Therrien, autre « déserteur ». Après cette trilogie ambitieuse, Major s'éloignera du roman pour aller vers des nouvelles ou une novella (*L'Hiver au cœur*, 1987), puis vers l'écriture de carnets qu'il regroupera une première fois en 2001 sous le titre significatif *Le Sourire d'Anton ou l'adieu au roman*. Comme Gabrielle Roy après *Bonheur d'occasion*, Major choisit de s'éloigner des exigences de composition et de vérité propres à l'esthétique réaliste pour privilégier des formes plus intimistes.

De façon générale, l'écart entre certains romans pour *happy few* et les romans destinés au grand public ne cesse de se creuser. Un tel écart n'apparaissait pas clairement durant les années 1960, le roman québécois formant un bloc relativement homogène dans lequel on n'établissait pas de distinction forte entre, par exemple, les romans populistes de Claude Jasmin et les romans intellectuels de Bessette ou d'Aquin. Avec l'élargissement du lectorat et l'augmentation rapide du nombre de romans publiés, le clivage devient manifeste. L'immense succès d'Antonine Maillet, qui remporte le prix Goncourt avec *Pélagie-la-charrette* (1979) après l'avoir raté par un vote avec *Les Cordes-de-bois* (1977), suscite, en France comme au Québec, de nombreux sarcasmes de la part d'une critique acquise aux valeurs de l'avant-garde et pour qui le roman primé tient du folklore. Un tel clivage s'exprime par exemple dans *Les Masques* (1980) de Gilbert La Rocque, où l'on voit le personnage écrivain répondre avec colère à la journaliste qui lui reproche d'écrire des romans difficiles : « Pas mon problème… Ceux qui sont pas contents, qu'ils lisent du Guy des Cars ou des grands prix littéraires. » Une telle opposition est désormais inévitable, signe d'un éclatement du roman québécois qui ne peut plus désormais se présenter de façon unifiée.

5

Le décentrement romanesque
De 1980 à aujourd'hui

À partir de 1980, le roman québécois connaît un essor quantitatif spectaculaire grâce notamment à l'intervention de l'État dans les secteurs de l'édition littéraire et de l'enseignement. Le nombre de romans publiés annuellement au Québec est dix fois plus élevé en 2000 qu'en 1960, passant d'environ 25 à plus de 250 (excluant les rééditions, les traductions et les romans parus à compte d'auteur). C'est dire que la production explose et qu'il devient impossible, pour un critique, de lire l'ensemble de ce qui se publie. Du reste, comment rendre compte d'une telle quantité d'œuvres sans verser dans une sorte d'inventaire ou sans privilégier un nombre restreint d'auteurs au détriment du tableau d'ensemble ? Depuis une dizaine d'années, la critique a commencé à étudier ce vaste corpus, soit en analysant le roman « à la carte », selon le titre d'un ouvrage collectif dirigé par Gilles Dupuis et Klaus Ertler, soit en regroupant plusieurs romanciers sous un angle plus spécifique, comme l'écriture migrante ou l'écriture au féminin, soit enfin en situant ce corpus dans un ensemble élargi (à la francophonie et à l'Amérique notamment). Il ressort toutefois de ces travaux que le roman contemporain résiste à tout effort de synthèse, et que c'est cette résistance même qui le caractérise d'entrée de jeu et le distingue du roman tel qu'il s'est pratiqué au Québec jusque-là.

Une telle résistance provient certes de l'abondance et de la diversité des romans qui s'offrent au lecteur. Le roman des années 1960, au Québec, s'inscrivait naturellement dans un horizon unifié, il était lu en regard du projet national, même s'il était loin de se réduire à cette seule thématique. S'il y avait un monde entre l'écriture sage de Claire Martin et les audaces de Réjean Ducharme, ces deux romanciers n'en étaient pas moins portés par un même mouvement général, celui de l'émancipation collective. À partir de 1980, une telle unité se brise, on voit apparaître de véritables clivages esthétiques, avec d'un côté des romans destinés à un large public (avant 1980, les best-sellers n'existaient guère au Québec que de façon exceptionnelle et sans commune mesure avec les succès contemporains), et de l'autre des romans qualifiés de « littéraires », souvent inscrits dans les programmes d'enseignement. Plus encore, le roman se spécialise en sous-catégories destinées à des publics ciblés, comme le roman de genre (policier, fantastique, etc.) ou le roman pour adolescents. En cela, le roman québécois contemporain ne se distingue guère de ce qui se produit ailleurs dans le monde occidental : la situation semble même se « normaliser », selon le mot de François Ricard qui constate que l'ensemble de la littérature québécoise, après s'être développée de façon assez atypique, perd en 1980 sa « spécificité ». La question identitaire nationale continue de se poser ici ou là, mais de façon beaucoup plus discrète qu'auparavant, subordonnée à un pluralisme des voix.

Décentré, le roman québécois contemporain ne l'est pas seulement en raison de sa diversité nouvelle : ce qui frappe dans le paysage récent, plus encore qu'en France où les hiérarchies anciennes se maintiennent, c'est l'absence de voix dominante. Là aussi, la comparaison avec les années 1960 s'avère utile : les romans d'Aquin, Blais ou Ducharme occupaient une place centrale dans l'imaginaire national et résumaient d'une certaine façon l'évolution du roman à cette époque. Qui joue un rôle similaire après 1980 ? Il y a bien sûr des voix qui s'imposent davantage que d'autres, comme celles de Jacques Poulin, de Michel Tremblay ou de Suzanne Jacob, mais on n'en assiste pas moins à un brouillage des valeurs esthétiques qui rend problématique tout effort pour regrouper les romanciers selon des critères spécifiques. Il n'est pas certain non plus qu'on puisse identifier aisément telle constellation d'écrivains à telle maison d'édition, comme on l'a fait en France autour des écrivains minimalistes des Éditions de Minuit.

Peut-être faut-il prendre en compte le fait que la littérature n'occupe plus la place centrale qu'elle occupait dans les années 1960. Si son prestige demeure très élevé, son impact ou son pouvoir d'intervention dans l'espace public s'atténuent. Le cinéma, la télévision et bientôt Internet remodèlent l'imaginaire social et envahissent l'espace naguère occupé par la littérature. Aux yeux de plusieurs critiques, la variété des romans contemporains témoigne certes d'un dynamisme culturel, mais le pluralisme s'accompagne d'une sorte de mélancolie diffuse, teintée parfois de nostalgie. À partir de 1980, la littérature se plaint de n'être plus que de la littérature, c'est-à-dire d'être une activité importante, certes, admirée même parfois, d'une vitalité incontestable assurément, mais sans effet réel dans la société et donc en quête de sens.

Est-ce là tout à fait nouveau ? Il y a longtemps que l'écrivain québécois, et tout particulièrement le romancier, met en scène des personnages qui ont le sentiment de vivre en marge du réel, coupés des autres, dépossédés du monde. C'était là, rappelons-le, un thème courant dans le roman des années 1950 et dans le « roman à l'imparfait » (Gilles Marcotte) des années 1960. La différence, c'est qu'aujourd'hui une telle fragilité du lien social n'est plus associée directement à un drame spécifiquement canadien-français ou québécois : c'est de façon générale le drame de l'individu contemporain qui vit à l'ère du vide (Gilles Lipovetsky), sous le régime du simulacre (Jean Baudrillard), c'est-à-dire dans un monde où les images renvoient à d'autres images, invalidant l'idée d'une création originale ou d'une réalité qui serait première. Au pays incertain de Ferron se substitue un monde incertain, c'est-à-dire un monde où tout est construit et rien n'est donné, y compris les liens qui unissent l'individu à sa famille et à autrui, un monde où le sujet est constamment décentré. L'être contemporain, selon une formule percutante du philosophe français Marcel Gauchet, « serait le premier individu à vivre en ignorant qu'il vit en société ». Qu'est-ce à dire ? Les autres sont là, bien sûr, et conscients de ne pas être seuls, mais les rapports qui les lient à une tradition commune ou à un héritage collectif se sont défaits. La frontière entre l'espace privé ou intime et l'espace public s'est effacée, la famille s'est décomposée au point de n'être plus vraiment une institution, l'individu n'en finit plus d'essayer d'être lui-même, de s'épanouir dans un monde où rien ne lui résiste, mais où tout le renvoie à sa solitude. « Personne n'est une île », selon le mot du poète John Donne repris par le romancier essayiste Yvon Rivard, mais l'écrivain contemporain sent le besoin de le redire, comme si cela n'allait plus de soi, comme si le lien social s'était dissous.

Le roman est le genre par excellence de « la vie réelle » et les changements anthropologiques qui affectent l'individu contemporain s'y répercutent forcément. S'il est vrai, comme le dit encore Marcel Gauchet, qu'on est passé de l'âge de l'affrontement à celui de l'évitement, comment raconter l'histoire d'individus qui n'entrent plus en conflit avec le monde ?

Effacement du personnage : *Agonie* de Jacques Brault

Posons la question à Jacques Brault, d'abord poète et essayiste, mais qui a écrit en 1984 un court roman, *Agonie,* portrait d'un ancien professeur de philosophie devenu à moitié clochard et dont il ne reste qu'un carnet hérité ou volé, on ne le saura jamais, par un de ses anciens élèves. Le thème de ce texte rappelle celui de *L'Obscurité* de Philippe Jaccottet, roman d'un poète également, récit poétique où l'ancien maître, figure jadis charismatique et pleine de vie, s'est transformé en un animal farouche vivant loin de toute civilisation, plongé dans « l'obscurité » qui donne son titre au récit. Chez Brault, le personnage ne s'est pas isolé au fond des bois, il s'est transformé en clochard, il s'est beckettisé, couché sur un banc dans un parc au milieu de la ville, là où l'ancien élève le retrouve, par un de ces hasards de la vie qui ressemblent à un signe du destin. Le récit se compose à partir des vers d'un poème d'Ungaretti intitulé « Agonie », chaque vers et chaque chapitre ayant fait jadis l'objet d'une explication de texte dont le narrateur se souvient, aidé par les notes du carnet.

Ce roman d'à peine soixante-quinze pages illustre à merveille les difficultés à construire une intrigue à partir d'un personnage qui refuse d'entrer en conflit avec le monde. Pire : qui refuse le monde de façon radicale, au prix des quolibets que les élèves s'échangent et de tous les « on-disait » dont l'élève mesure mieux la cruauté, dix ans plus tard. « Est-ce possible qu'un homme s'efface ainsi de l'existence, qu'il se biffe à la face des autres ? » L'élève se souvient de ce qu'on disait de son professeur à l'époque : un homme « vêtu de gris », « indéfinissable », avec une « voix terne ». Lui-même était assez dur à son endroit, lui reprochant son « manque de solidité » : « Il professait sa propre faiblesse. » C'est un vieux garçon qui a vécu avec sa mère jusqu'à ce qu'un jour, alors qu'il était en voyage en Europe au beau milieu des grèves de Mai 68, elle meure. Il avait quarante-cinq ans. Après le voyage en Europe et la mort de sa mère, il se retire de toute existence sociale. Non pas dans une marginalité révoltée ou subie, mais dans une sorte de négation de lui-même qui semble sans limite : « Le grand refus s'est creusé en lui au fil des années récentes. » C'est l'étudiant narrateur qui s'exprime ainsi, intrigué, hanté par cet « homme gris » pour lequel il ressent une étrange fascination, lui renvoyant une image de néant : « et me voici face au néant, un néant falot, un néant de doux raté. » Le personnage est un doux incapable de se révolter, un doux qui s'interdit de se plaindre, de se lamenter, de s'apitoyer sur son sort. La leçon du maître porte ici ses fruits : à la révolte étourdissante qui agitait le monde en mai 68 le professeur-clochard substitue son « grand refus », qui ne s'exprime pas par ses mots, mais « par son comportement ». Le philosophe devient garçon de ferme quelque part dans les Cantons de l'Est, compagnon des vaches et des chevaux, puis cueilleur de pommes, déneigeur, éboueur, et bientôt abonné régulier à la soupe populaire. Nulle aventure dans cette déchéance sociale, qui n'est d'ailleurs l'objet d'aucun développement, comme si le temps n'avait plus aucune importance. Le roman ne s'écrit que par ellipses, en creux, entre les lignes littéralement. Le personnage se retire du monde, de sa propre vie, il devient une énigme dont personne ne se soucie : « On le prenait à partie ou à témoin, rarement, car pour l'ordinaire nul ne tenait compte de son inexistence. » Être de silence désormais, entièrement transparent, retiré de tout désir, de toute action, sans famille, sans patrie, sans langage, consentant à une agonie qui est le lieu même où chacun se reconnaît comme son double :

> Et le silence en lui devint total, un silence à vrai dire dont je n'ai pas idée, quelque chose qui doit tenir plus du vide corporel que de l'absence à soi-même. Ou encore : un endormissement perpétuel, un délestage même de l'impondérable, une sublimation si légère que là où il n'était plus il n'avait pas été.

Reste le moment où l'étudiant et le maître se rencontrent, se reconnaissent, d'abord au cinéma alors qu'on projette un documentaire sur le Népal, puis au parc, là où le maître laisse traîner le carnet, comme une ultime leçon, comme une ultime énigme. La connivence n'ira pas au-delà de cette minute vécue au parc, espace public par excellence, ouvert à tous, lieu d'échange du carnet qui aura accompagné le vieux professeur toute sa vie. Il n'y a pas de société ici, mais une rencontre qui se passe de dialogue : « L'espace d'une minute, nous avons formé un lieu de connivence, un pays. » Le roman n'est rien d'autre que la lecture du carnet au cours de la nuit qui suit cette rencontre bouleversante du maître devenu clochard.

Ce roman est-il vraiment un roman ? La critique parlera volontiers de « récit » plutôt que de roman, le mot « récit » étant plus général, moins strictement lié à un genre. Il ne renvoie plus d'abord à la tradition romanesque ni même à la tradition littéraire. Il semble même procéder d'un refus (le « grand refus » dont parle Brault inclut le refus de tous les prestiges, de tous les savoirs, de toutes les certitudes), mais aussi d'un certain déplacement du littéraire, qui est bien une des grandes caractéristiques du corpus contemporain. Le romancier de 1965 qui choisissait d'écrire mal ou de déconstruire le langage romanesque avait le sentiment de se libérer des contraintes et d'inventer de nouvelles façons de raconter des histoires. En 1980, l'inventivité ou la rupture n'a plus le même sens, n'étant plus indexée sur des idéologies fortes (nationalisme, féminisme) ou portée par l'enthousiasme des avant-gardes. Le « grand refus » du personnage de Brault trouve sa cohérence en regard de la singularité même de sa trajectoire, et par une sorte de fatigue profonde devant les mensonges et les illusions romanesques.

Autrement dit, le décentrement dont parle le roman contemporain ne s'exprime pas du tout comme à l'époque où le roman québécois voulait à tout prix embrasser la réalité de l'homme d'ici. En 1950 et 1960, le roman avait du chemin à faire pour y parvenir, il devait changer le langage romanesque, qui avait de moins en moins à voir avec ce que vivait la génération des baby-boomers. En 1980, ce n'est pas seulement le langage qui fait défaut : c'est le réel lui-même, plus précisément le lien entre l'individu et le monde. La nation, l'Histoire, les institutions (famille, religion) ne fournissent que des repères instables, toujours à reconfigurer à partir de récits aussi singuliers qu'hétérogènes. Écrire devient d'ailleurs une façon d'ordonner sa propre histoire, de rendre le monde plus habitable, moins chaotique, moins évanescent. Le roman contemporain n'est pas un roman d'aventure : il raconte le plus souvent ce qui se passe *après* l'aventure, une fois la poussière retombée. L'absence de centre constitue à la fois sa faiblesse et sa force : sa faiblesse, car il doute sans cesse de lui-même et peine à trouver des formes durables ; sa force, car il est remarquablement conscient de la fragilité même de la parole et se met constamment en jeu, dans une sorte de mouvement continu qui prend la mesure de l'égarement et du dépaysement qui sont la condition même de l'individu contemporain.

Des héros positifs

Le succès de plusieurs romans québécois au tournant des années 1980 est le signe le plus évident des changements qui s'opèrent à partir de là. Il y a eu, par le passé, des best-sellers isolés, comme *Bonheur d'occasion* en 1945 ou *Kamouraska* en 1970, mais le phénomène prend une nouvelle dimension à partir de *La grosse femme d'à côté est enceinte* (1978) de Michel Tremblay, du *Matou* (1981) d'Yves Beauchemin ou de

Maryse (1983) de Francine Noël. La faveur dont bénéficient ces romans ne passe pas par l'institution scolaire et ne dépend pas non plus de l'octroi de prix littéraires comme le prix Goncourt attribué à *Pélagie-la-Charrette*. Ce sont des romans populaires qui trouvent leur public au-delà du seul milieu scolaire ou intellectuel. Et tous trois ont en commun de se situer au cœur de Montréal, dont le cosmopolitisme déjà évident va s'accentuer durant cette période avec l'arrivée d'immigrants venus non plus seulement de l'Europe, comme c'était le cas auparavant, mais des quatre coins du monde.

Aucun romancier québécois n'illustre mieux que Michel Tremblay le mélange de culture littéraire et de culture populaire qui caractérise l'époque contemporaine. Les six romans qui composent ses *Chroniques du Plateau-Mont-Royal* forment un massif de plus de mille pages où les clins d'œil à la littérature (Balzac, Gabrielle Roy, etc.) n'affectent en rien la lisibilité, voire la simplicité du texte. En cela, ils tranchent nettement avec le formalisme des années 1970. Fort du succès de ses pièces de théâtre qui ont marqué un tournant dans l'histoire culturelle du Québec en introduisant le joual sur la scène, Tremblay situe ses romans dans le même univers familial que celui des *Belles-Sœurs*. Nous sommes rue Fabre, dans un Montréal au parfum ancien qui rappelle le Québec des *Plouffe* tant on y retrouve la même atmosphère paroissiale et le même penchant pour les dialogues savoureux. Mais le roman de Roger Lemelin se voulait une étude de mœurs, un tableau social ; le roman de Tremblay se présente, lui, à la fois comme une chronique réaliste, collée aux menus détails de la vie quotidienne et au plaisir de la parole, et un récit surnaturel. *La grosse femme* s'ouvre en effet sur trois tricoteuses, Rose, Violette et Mauve, symbolisant les trois Parques de la mythologie romaine, visibles seulement aux yeux des fous et des chats. Cet aspect surnaturel surprend moins si on se souvient que Tremblay a publié dès 1969, aux Éditions du Jour, un roman fantastique, *La Cité dans l'œuf*. Ici encore, comme souvent dans l'histoire du roman québécois, le réalisme ne s'affirme que pour mieux se libérer de ses entraves et créer une brèche poétique au milieu d'un récit trop prévisible. C'est aussi une façon d'échapper au poids du déterminisme, à l'autorité des mères (Victoire, Albertine, la grosse femme, etc.), et de permettre aux personnages masculins de s'évader, comme le feront Édouard par le spectacle et le travestissement ou Marcel par le rêve et les jeux de l'imagination.

Le Matou d'Yves Beauchemin se situe également dans le Plateau-Mont-Royal, mais c'est ici la ville contemporaine, avec au centre du roman le personnage de Florent Boissonneault qui rompt avec « l'art de la défaite » dont parlait Hubert Aquin et réussit là où les héros canadiens-français échouaient. Il a confiance dans son pouvoir d'agir et de combattre ses adversaires (l'étrange Ratablavasky et l'anglophone Slipstick) avec succès, ce qui se produit en effet. Tout au long du livre, on voit clairement les ficelles du roman réaliste, avec les bons et les méchants assez aisément reconnaissables. Le roman lui-même est un succès immédiat, repris et amplifié par son adaptation pour le cinéma et la télévision. La qualité première du personnage de Beauchemin est toutefois moins la réussite que la force d'adaptation, plus exactement la mobilité dont il fait preuve et dont il semble tirer un plaisir constant.

Telle est aussi la caractéristique de l'héroïne de Francine Noël dans *Maryse,* dont le triomphe est cependant plus modeste et surtout plus ambigu, conquis au prix d'une crise personnelle. Le roman se présente comme une chronique pleine d'humour, voire une satire des années 1968-1975, et se lit comme le récit d'émancipation d'une jeune femme de famille modeste, façon *Bonheur d'occasion,* mais avec un *happy end* puisque Maryse prendra sa vie en main, grâce notamment à l'écriture théâtrale. Pour le critique Gilles Marcotte, ce personnage entre, comme Florent Boissonneault et comme plusieurs autres personnages contemporains, dans la catégorie des *héros positifs,* par opposition aux héros négatifs d'avant, comme le Jean Le Maigre de Marie-Claire Blais, la Bérénice Einberg de Réjean Ducharme ou l'Abel Beauchemin de Victor-Lévy Beaulieu. Le même critique remarque à quel point la métaphore théâtrale fonctionne à merveille dans les destins de ces nouveaux personnages désinhibés qui trouvent dans le spectacle une façon de jouer avec la réalité, de la dilater sur tous les plans (géographique, historique, culturel, religieux, etc.) et de créer un monde second auquel ils croient et ne croient pas *en même temps.*

Ainsi en va-t-il du monde baroque, voire ésotérique, de Vava et de ses amies dans *La Vie en prose* (1980) de Yolande Villemaire. Elles improvisent, elles discutent entre elles de littérature, de cinéma, de bande dessinée, de chanson, de journaux, de cuisine : elles se font un théâtre de n'importe quoi, elles jouent un rôle mais avec une totale sincérité, elles parlent entre elles et à toute la société, la mise en scène de soi fait partie de leur réalité quotidienne au même titre que les amours, les amitiés ou l'hygiène corporelle dont elles ne cachent rien. Le roman se passionne pour les détails, sans trop s'embarrasser d'y mettre de l'ordre ou de les subordonner à une intrigue, et en se permettant de fréquents commentaires sur sa propre écriture, avec une spontanéité et un plaisir qui étaient rares dans le roman expérimental des années 1970.

Récits de filiation

Ce côté imprévisible caractérise aussi l'écriture de Suzanne Jacob, issue comme Yolande Villemaire du mouvement féministe, et dont l'œuvre romanesque s'imposera dans le paysage littéraire contemporain. Au centre de la plupart de ses romans se trouvent des femmes marginales, au destin extravagant, comme la très libre *Flore Cocon* (1978) ou l'insaisissable *Laura Laur* (1983) dont la vie est racontée à partir des témoignages juxtaposés de narrateurs qui l'ont connue. En 1991, *L'Obéissance* adopte un ton plus grave et raconte un drame horrible inspiré d'un fait divers, celui d'une enfant qui se noie pour obéir à sa mère. Ce récit est encadré par celui, presque identique mais plus troublant encore, de l'avocate qui défend la mère. Un troisième récit, celui de la narratrice, enchâsse ces histoires en miroir et tente de rompre le cercle vicieux de l'obéissance. Les romans de Suzanne Jacob, on le voit par ces exemples, sont rarement linéaires, mais ils n'en sont pas moins soucieux de rester lisibles, cohérents. Dans *Rouge, mère et fils* (2001), le roman varie encore sa structure, cette fois à partir de la couleur rouge qui donne son sens au récit de filiation qui est en même temps une fable sur la fragilité des liens dans la société contemporaine. Le fils Luc

prépare une thèse sur la normalité, lui qui n'arrive pas à devenir adulte et à participer au monde « réel ». Ce n'est pas de
la mauvaise volonté : il fait des efforts pour y arriver, mais on
dirait qu'il joue un rôle même lorsqu'il essaie de faire comme
les autres. Il se voit ainsi entrer dans un magasin non pas pour
acheter des biens nécessaires ou pour se faire plaisir, mais
pour voir si, en remplissant sa « benne géante » d'objets de
consommation, il parviendra enfin à devenir « un peu plus
réel, un peu plus consensuel, un peu plus interactif, un peu
plus contemporain ».

Jacques Poulin ne parle guère du monde contemporain
dans ses romans, mais la question de la filiation et de la fragilité des liens sociaux est au cœur de son écriture. *Les
Grandes Marées* (1978) est une sorte de fable philosophique
sur l'impossibilité de vivre en société ; *Volkswagen blues*
(1984), une méditation romanesque sur l'histoire de l'Amérique dans laquelle le vieux Volks qui traverse le continent
peut se lire, selon Pierre Nepveu, « comme une métaphore
même de la nouvelle culture québécoise : indéterminée,
voyageuse, en dérive, mais "recueillante" ». Le héros, qui
porte le nom de plume Jack Waterman, tente de retrouver
Théo, son frère disparu, et finit par refaire la traversée de
l'Amérique, de Gaspé à San Francisco, accompagné d'une
jeune Métis surnommée la Grande Sauterelle. Ce roman
abondamment étudié par la critique et devenu en peu de
temps un classique du roman québécois « postmoderne »
met en relation l'expérience concrète de l'Amérique, vécue
par Jack et son amie, et ses nombreuses représentations littéraires et historiques. Celles-ci ne sont d'ailleurs jamais sépa-
rables de celle-là, la littérature et l'Histoire ayant un rôle direct
dans l'évolution de l'intrigue. Le fait que Jack soit lui-même
écrivain y est pour quelque chose, mais c'est aussi qu'il ne
cesse de s'interroger sur le sens même que son travail d'écrivain peut avoir aux yeux d'autrui, comme s'il s'agissait de
raccorder la création littéraire au monde. Il cite volontiers ses
écrivains préférés, des Américains pour la plupart (Heming-
way, Salinger, Brautigan), mais aussi Gabrielle Roy. Le romancier contemporain aime exhiber ainsi ses modèles qu'il trouve
un peu partout, même en dehors de la littérature : le vrai livre
que vénèrent Jack et la Grande Sauterelle n'a rien de litté-

raire : c'est *The Oregon Trail Revisited*. Il s'agit d'un guide grâce auquel Jack et la Grande Sauterelle vont pouvoir interpréter la route de l'Ouest en suivant la destinée des milliers d'émigrants qui s'étaient jetés dans l'aventure au XIXᵉ siècle. Ce livre précieux entre tous faisait partie du bagage de Théo et il suffit de suivre la piste de l'Oregon pour retrouver ses traces. Mais il contient aussi des témoignages qui passionnent Jack et son amie pour qui les émigrants deviennent « comme de vieux amis ». Retracer le frère disparu, retrouver les traces des ancêtres amérindiens de la Grande Sauterelle, refaire le parcours des émigrants, récrire le grand roman de l'Amérique : *Volkswagen blues* est par excellence le roman de la mémoire. Les romans ultérieurs de Poulin, notamment *Le Vieux Chagrin* (1989), seront plus intimistes, plus mélancoliques, reprenant sous des formes à peine variées les thèmes de l'amour et de l'écriture.

La mémoire et la filiation sous-tendent également la plupart des romans autobiographiques de Robert Lalonde. Dans *La Belle Épouvante* (1981) ou *Le Petit Aigle à tête blanche* (1994), ce sont les Amérindiens, les chasseurs ou les pêcheurs qui initient le héros enfant ou adolescent à la vie des sens. Chacun des livres de Robert Lalonde se déroule ainsi au milieu d'une nature vibrante et parfois mystique, soutenue par une mythologie de l'Amérique sauvage et de l'indianité. La filiation est souvent liée au thème de l'Amérique et à une forme d'errance, comme on le voit dans le *road novel* de Guillaume Vigneault (*Chercher le vent,* 2001) ou dans *Nikolski* (2005) de Nicolas Dickner dont l'écriture et les thèmes s'apparentent à ceux de Poulin, mais situés au cœur de Montréal. Les fenêtres du monde s'ouvrent toutes grandes, et les trois personnages principaux plongent dans l'époque actuelle à la recherche de leur origine. Les personnages vivent des aventures merveilleuses qui n'en sont pas, entourés de vieux livres qui ont la beauté des choses neuves et d'ordinateurs qui ont déjà l'air d'antiquités. « Tout est déchet » : le roman recueille sur un ton ludique les traces de ce qui apparaît et disparaît à toute vitesse.

Les liens sociaux et familiaux ne sont jamais apparus plus fragiles et incertains qu'à l'ère de l'électronique et du virtuel. Une romancière réaliste comme Monique LaRue en tire le sujet de son roman *Copies conformes* (1989), qui reprend la trame du roman policier *The Maltese Falcon* de Dashiell Hammett, transposée dans le monde de Silicon Valley. Plus récemment, *L'Œil de Marquise* (2009) raconte le drame de deux frères ennemis autour des deux référendums sur la souveraineté du Québec. C'est leur sœur Marquise, épouse d'un psychiatre juif montréalais, qui prend en charge ce récit savamment construit, l'un des rares à saisir l'histoire politique récente du Québec, plus spécifiquement de Montréal, à partir de personnages dépossédés du lien familial mais profondément attachés aux charmes de cette ville qui attire des gens de partout. « J'avais confiance en l'humanité entière qui arrivait à Montréal, en l'humanité qui unissait Montréal aux autres villes du monde, celles qui fascinent par leur site, comme Istanbul, celles qui fascinent par leur prestige, comme Paris, par leur taille, comme New York, par leur élan, comme Shanghai, par leur lourdeur, comme Moscou. Montréal fascine par son mystère, rien de plus, mais rien de moins, me disais-je. »

Écritures migrantes

On trouverait aisément d'autres exemples de romans montréalais où sont mis en scène des personnages appartenant à des cultures différentes et dans lesquels les rapports à l'espace urbain multiculturel et métissé constituent le moteur même de l'écriture. *La Québécoite* (1983) de Régine Robin se veut une « fiction théorique » composée de trois récits d'immigration identifiés à trois quartiers différents de Montréal (« Snowdon », « Outremont » et « Autour du Marché Jean-Talon »). La narratrice, une intellectuelle française d'origine juive polonaise, accumule les notes dans un désordre qui mime les hasards de la déambulation : « Pas d'ordre. Ni chronologique, ni logique, ni logis. Rien qu'un désir d'écriture et cette prolifération d'existence. »

Le choc des cultures ou le passage du pays d'origine vers le Québec constitue parfois l'objet central du récit. Marco Micone évoque ainsi le thème de l'émigration italienne au Canada à partir de sa propre expérience dans un recueil de récits, *Le Figuier enchanté* (1992). Le premier roman de la dramaturge Abla Farhoud (née au Liban), *Le bonheur a la queue glissante* (1998), donne la parole à une vieille femme qui a fui la guerre du Liban avec sa famille pour s'établir à Montréal. L'expérience de l'immigration est également au cœur du premier roman de Sergio Kokis (né au Brésil), *Le Pavillon des miroirs* (1994), qui a pour héros un jeune artiste parti de Rio de Janeiro vers le Québec. Dans *Côte-des-Nègres* (1998), Mauricio Segura, d'origine chilienne, raconte des conflits entre « gangs de rue » au cœur d'un des quartiers les plus multiculturels de Montréal. Les premiers romans de Ying Chen (née à Shanghai) parlent aussi de son exil, dans un style dépouillé, intimiste, évoquant par ailleurs, dans *L'Ingratitude* (1995), le conflit entre fille et mère.

Cela dit, le rapprochement de ces romans fait également voir tout ce qui les sépare, que ce soit le style ou l'univers social décrit. Le personnage créé par Abla Farhoud s'exprime dans une langue émaillée de proverbes tirés de la tradition populaire ; celui de Kokis fréquente les milieux artistes et le roman est écrit dans une langue foisonnante qui interroge les rapports entre réalité et fiction ; l'écriture de Ying Chen est minimaliste et tend de plus en plus vers l'abstraction du symbole au fur et à mesure qu'on avance dans son œuvre. L'ensemble du corpus migrant inclut des écrivains dont les esthétiques sont souvent si radicalement étrangères les unes aux autres qu'on peut se demander ce que ces écrivains ont en commun, en dehors du fait d'être nés ailleurs. La question se pose un peu moins dans le cas d'un certain nombre d'écrivains d'origine haïtienne venus au Québec pour fuir la dictature et dont les œuvres combinent fréquemment les souvenirs d'Haïti et la culture blanche nord-américaine.

Comment faire l'amour avec un Nègre sans se fatiguer (1985) de Dany Laferrière plonge au cœur de la culture québécoise et de la ville aphrodisiaque. Le personnage central est un jeune écrivain noir qui se dit « dragueur nègre consciencieux et professionnel ». Montréal se rapproche de Port-au-Prince, c'est l'Amérique dans les deux cas, mais c'est aussi que le roman ne se soucie aucunement du poids du réel : les distances sont abolies au nom d'un humour et d'un désir qui refusent la mélancolie et affichent ouvertement leur aspect primitif et provocant, comme dans l'image de « l'appel de la brousse, rue Sainte-Catherine ». Après ce roman qui lui vaut une notoriété immédiate, Dany Laferrière se tourne vers des récits à caractère autobiographique qui culminent en 2009 avec *L'Énigme du retour,* écrit à la suite de la mort de son père, inspiré par la figure tutélaire d'Aimé Césaire et récompensé en France par le prix Médicis.

La Brûlerie (2005), roman posthume d'Émile Ollivier, est le nom du café montréalais où se rencontrent régulièrement un groupe d'Haïtiens vieillissants qui discutent du présent et surtout du passé. La rue Côte-des-Neiges leur appartient, comme la rue Fabre appartient aux personnages de Tremblay. Mais l'habitation des lieux n'a pas le même sens dans ce roman de l'exil. Elle tient de l'étonnement perpétuel et suscite mille interrogations de nature anthropologique ou sociologique (Émile Ollivier était sociologue de métier). Les personnages ne cessent d'éprouver aussi bien la résistance de la société québécoise à leur endroit que leur propre résistance face à leur société d'accueil. L'intention est nette : « Un vrai travail d'écriture sur Montréal devrait commencer par mettre en scène la parole nomade, la parole migrante, celle d'entre-deux, celle de nulle part, celle d'ailleurs ou d'à côté, celle de pas tout à fait d'ici, pas tout à fait d'ailleurs. » Montréal n'est plus pour ces personnages la ville aux deux solitudes de Hugh MacLennan, mais plutôt la « ville aux quatre solitudes — celle d'être francophone, anglophone, immigrant et noir ».

L'écriture migrante, on le voit par ces exemples, se rapproche toujours à quelque degré du témoignage, du récit de l'exil et, plus encore, du récit de la rencontre problématique entre soi et l'autre, entre différentes langues et différentes cultures. En cela, elle participe directement à la redéfinition des identités nationales et post-nationales (ou postcoloniales). Au Québec, l'écriture migrante n'est pas restée dans les marges où se tiennent par exemple les productions littéraires des minorités en Europe ; cela tient sans doute au fait qu'elle apparaît comme une ouverture vers l'international et marque la sortie, voire le dépassement de la littérature nationale considérée comme une littérature nationaliste. Une partie de la critique, tant journalistique que savante, reporte sur cette production les enjeux identitaires jusque-là associés à la littérature nationale.

À côté des best-sellers qui cherchent à faire apparaître le spectacle du réel en multipliant des actions et des images fortes qui résument leur époque, on voit apparaître des romans en apparence moins ambitieux, centrés sur un ou deux personnages, et qui privilégient un style dépouillé, une esthétique intimiste et une inspiration plus directement liée à l'expérience subjective du monde, souvent identifiée à un lieu retiré (en particulier la maison par opposition à la ville comme espace ouvert). C'est par exemple le cas des romans de Gilles Archambault qui appartiennent naturellement à la période contemporaine, même si le premier date de 1963. Le style sobre et ironique de cet auteur prolifique l'éloigne du lyrisme typique des années 1960 et 1970. En bon « ouvrier de l'introspection », comme il le dit de lui-même, Archambault met en scène des personnages lucides et souvent mélancoliques, aimant réfléchir à leurs échecs avec un sourire en coin, leur fragilité intérieure étant aussi leur force. La révolte et les grandes illusions romantiques les ennuient ou les laissent froids. Ce sont des modérés entêtés, surtout lorsqu'ils exercent un métier intellectuel, comme l'écrivain Michel dans *Le Voyageur distrait* (1981), qui veut écrire un livre sur Jack Kerouac et se lance sur les traces de l'auteur d'*On the Road*. Il n'attend pas de la littérature qu'elle le libère, mais qu'elle l'aide plus modestement à « [s]urvivre dans la douceur, rien de plus ».

D'autres romanciers voyagent pour mieux se retrouver, par exemple en Inde, comme le font Louis Gauthier dans *Voyage en Inde avec un grand détour* (2005) et Yvon Rivard dans *Les Silences du corbeau* (1987). Dans les deux cas, il est assez frappant de voir que le roman prend la forme d'une sorte de méditation et ne décrit à peu près pas les lieux visités. Nul exotisme ici, nulle intrigue non plus, mais une quête de soi à travers l'expérience du dépaysement. L'Inde importe peu au héros de Gauthier et il n'arrivera d'ailleurs jamais à destination, son récit faisant mille détours, comme s'il errait pour échapper à sa vie passée. Ici encore, voyager, c'est écrire. Non pas qu'il soit seul : il rencontre des amis, des femmes et d'autres touristes. Mais il semble indifférent au bonheur des autres comme à son propre malheur. Seule compte la littérature, ou plutôt l'écriture vécue comme une nécessité profonde, une activité quotidienne dont il ne saisit toutefois pas la finalité. « Que restera-t-il de tous ces petits moments sans conséquences, de ces conversations anodines, de ces images sans durée, de ce présent englouti par le temps, de ce présent jamais présent, aussitôt transformé en mémoire, de cette mémoire oublieuse qui choisit ce qu'elle garde et ce qu'elle rejette, qui transforme, enjolive, idéalise, altère, travestit ? » Le roman prend ainsi la forme d'un journal, accumulant les notes, dans une prose simple et musicale.

Les *Silences du corbeau* d'Yvon Rivard se présente lui aussi sous la forme de carnets. Alexandre fait partie d'un groupe d'Occidentaux installés dans une *guesthouse* à proximité d'un ashram, à Pondichéry. Le roman décrit le besoin de croyance propre à des individus vivant dans un monde où les anciennes références, notamment la tradition catholique, semblent avoir disparu. Le religieux, ici, apparaît en dehors des schèmes anciens, en dehors de la religion, comme Marcel Gauchet l'a montré dans *Le désenchantement du monde*. Ce religieux n'est pas simplement mis à distance par le roman, il n'est pas ridiculisé, renvoyé à une pratique naïve ou archaïque propre aux sociétés traditionnelles. Alexandre ne fait pas le voyage à Pondichéry pour se moquer du tourisme religieux. Il y va, pour ainsi dire, de bonne foi, il espère y trouver une réponse à son dilemme amoureux sans pour autant croire entièrement à sa quête, indécis comme le sont les personnages hésitants d'Archambault, de Poulin ou de Gauthier. Sa quête se poursuit dans les deux romans suivants, *Le Milieu du jour* (1995) et *Le Siècle de Jeanne* (2005), qui sont aussi une méditation sur le temps, sur « l'extrême fixité des choses qui passent » (Virginia Woolf). Il y a chez Rivard, comme chez plusieurs autres romanciers contemporains, un constant retour de l'écrivain sur son œuvre, sur la nécessité d'écrire, mais également sur la culpabilité de l'écriture et de l'amour. Faute capitale, comme il le dira en citant Goethe, celle d'un père qui a préféré ses propres passions (écrire, aimer) aux désirs et aux peurs de son enfant. La vie, l'écriture : *Le Siècle de Jeanne* ne cesse de les opposer, de les rapprocher, de parcourir le chemin qui mène de l'une à l'autre.

Parmi les romans de la génération suivante, *Le Bruit des*
choses vivantes (1991) d'Élise Turcotte illustre particulièrement bien jusqu'à quel point l'écriture romanesque s'organise moins autour d'une intrigue qu'en fonction d'un regard
et d'une conscience subjective. « Plusieurs choses arrivent
dans ce monde », lit-on au tout début du roman. Il s'agira
donc de décliner simplement ces choses qui arrivent à la narratrice, une mère de trente ans qui élève seule sa fille de trois
ans. L'écriture recueille les signes de cette existence fragile,
sans quête précise, soumise à la force tranquille des choses
et à la présence immédiate de l'enfant.

L'*Hiver de pluie* (1990) de Lise Tremblay se déroule à Québec et se range explicitement sous le signe de Jacques Poulin
(« La vieille ville que j'habite est celle des livres de Poulin »).
Mais la ville ne se réduit plus à des lieux protégés, chaleureux
(appartement ou chambre, librairie, etc.). C'est un monde
décadent, peuplé de fous qui se tiennent dans les cafés à
l'heure où les gens normaux vont travailler. Le roman est une
sorte de longue lettre d'amour jamais envoyée par la narratrice qui marche dans la ville. Faute de pouvoir rencontrer
l'homme qu'elle aime, la narratrice s'accroche à ceux qui
l'entourent, personnages qui ont l'air d'épaves humaines.

La rage d'écrire

Plusieurs écrivains nés aux environs de 1960 préfèrent l'excès
à la retenue et se reconnaissent à une sorte de rage d'écrire
qui se traduit dans des œuvres baroques et véhémentes,
comme le premier roman de Sylvain Trudel, *Le Souffle de
l'Harmattan* (1986), plusieurs fois réédité et récrit par la suite.
L'auteur invente un héros enfant qui ressemble à première
vue à Bérénice Einberg ou à Mille Milles. Hugues est adopté
et ne se sent nulle attache familiale ; il aime la littérature,
comme celle de Gustave Désuet, « poète délyrique » qui s'en
prend aux riches d'Occident (qu'il appelle « Accident »), il
accumule les jeux de mots faciles et il a un ami de son âge,
Habéké, venu tout droit d'Afrique. Il est aussi furieux contre
la société, mais sa colère n'a pas le même sens que chez
Ducharme, pas plus que l'amitié qu'il éprouve pour Habéké,

qu'il considère comme son véritable frère car il est « le déraciné des déracinés ». C'est autour du thème du déracinement en effet que se construit cette fable au cours de laquelle Hugues tente d'atteindre une île appelée Exil pour renaître et se donner enfin les racines qu'il souffre de n'avoir jamais eues. Il espère ainsi retrouver un monde primitif et neuf, un monde réenchanté, même si le rêve et la foi se heurtent au principe de réalité (l'école, les parents, les policiers, etc.). *Le Souffle de l'Harmattan* est lu, par la critique, comme l'un des romans emblématiques de la nouvelle génération.

Il y en a d'autres, comme *Vamp* (1988) de Christian Mistral et surtout *La Rage* (1989), le premier roman de Louis Hamelin, qui est passé par l'un des nouveaux programmes universitaires de création littéraire, et qui est salué par certains critiques comme l'écrivain québécois des années 1990. Roman de plus de quatre cents pages, *La Rage* est l'exemple même d'une écriture baroque qui exhibe à la fois son réalisme le plus cru et sa littérarité. Le narrateur s'appelle Édouard Malarmé et il se passionne, comme son auteur, pour la littérature américaine, celle de Jack Kerouac et de Malcolm Lowry notamment. Il vit dans un chalet au nord de Montréal, tout près des terres expropriées sur lesquelles on vient de construire l'aéroport de Mirabel. Il s'y est réfugié, dit-il, pour ne pas avoir à travailler. Il n'y a apporté qu'un livre, le dictionnaire, car il contient tous les autres : « Lorsque je lis le dictionnaire dans l'ordre, je lis tous les livres dans le désordre. » Roi du *pinball, Rambo* des Basses-Laurentides, Édouard incarne une sorte de héros de série B qui serait passé par l'université, mais pour retourner à sa nature primitive, aux sources mêmes de la violence. « La rage, lui explique son ancien professeur de biologie, c'est notre animalité qui nous guette du fond des âges. » La violence verbale devient plus maîtrisée dans les romans suivants de Louis Hamelin, en particulier dans *Le Joueur de flûte* (2001), qui évoque une Amérique révolue symbolisée par le père du héros, ancien joueur de flûte devenu un *has been* de la contre-culture, se survivant à peine au milieu d'une commune isolée au large de la Colombie-Britannique. En 2010, l'auteur obtient un succès critique immédiat avec *La Constellation du Lynx,* qui reprend les événements et les protagonistes de la crise d'Octobre.

L'écrivain le plus follement baroque de cette génération est sans doute Gaétan Soucy dont le troisième roman, *La Petite Fille qui aimait trop les allumettes* (1998), a lui aussi reçu un accueil critique extrêmement enthousiaste. À mi-chemin entre les facéties de Jacques Ferron, la philosophie de Ludwig Wittgenstein cité en exergue et *Alice au pays des merveilles* de Lewis Carroll, le roman est écrit en moins d'un mois (27 janvier-24 février 1998). Il s'agit d'une sorte de fable improvisée dont le style hésite entre la simplicité de la parole et la recherche de mots rares ou inventés. La narratrice, pré-nommée Alice, se présente comme le « secrétarien » chargé de raconter dans un grimoire, en alternance avec son frère, les événements de leur étrange vie familiale. C'est elle qui prend les commandes du récit au moment où son frère découvre le cadavre de leur père, pendu dans sa chambre. Le squelette de la mère dort depuis on ne sait quand au fond d'un caveau, non loin du corps momifié mais toujours vivant de la sœur jumelle d'Alice, qui ressemble aux personnages à moitié morts de Beckett. Comme les enfants n'ont à peu près jamais eu de contact avec le village voisin, ils ressemblent à des enfants sauvages. Mais si le frère est présenté comme idiot, Alice est très instruite grâce à la bibliothèque du père qui est remplie de dictionnaires, de romans de chevalerie, d'ouvrages philosophiques et d'une bible.

La littérature est partout présente aussi dans les romans de Catherine Mavrikakis, qui met par exemple en scène et en opposition les figures de Réjean Ducharme et d'Hubert Aquin dans *Ça va aller* (2002). Le contexte s'élargit dans *Le Ciel de Bay City* (2008) qui se situe dans une petite ville du Michigan, avec en toile de fond les fantômes de la Shoah. « Je ne devrais pas me plonger dans de tels récits, mais depuis des années il m'est impossible de lire autre chose que l'horreur. Les histoires de la Seconde Guerre font partie de moi. » Le roman ne cherche plus à dramatiser le réel, il ne croit plus aux effets d'une fiction qui aurait sa propre durée, qui ne serait que fiction : il lance des ponts entre des histoires hétéro-gènes, celle de la petite fille qui se souvient du K-Mart sous le ciel mauve de Bay City, et celle des Juifs exterminés, qui hantent la conscience contemporaine.

Même pauvreté des lieux et des êtres dans le deuxième

roman de Michael Delisle, *Dée* (2002), pauvreté redoublée par celle du langage qui sert à la décrire : « Un voisin sacre. Ses pneus s'enlisent en fouettant la terre molle. Un autre cloue un panneau sur le coffrage d'un solage. Aujourd'hui, on profite du beau temps. Il a plu hier. » Dée est le diminutif d'Audrey Provost, fille d'un éleveur de porcs qui doit abandonner sa ferme en raison du nouveau zonage. Elle ressemble à la Scouine d'Albert Laberge, à la fois pitoyable et repoussante de vulgarité, mais ici la misère est accentuée par la sécheresse et l'âpreté de l'écriture. Alors que tant de romans contemporains se veulent optimistes et consolateurs, des romanciers comme Delisle refusent le *happy end.* La vie elle-même est atteinte, vidée de sens, livrée à la pauvreté la plus complète. Nous sommes pourtant à l'aube de la modernité, au milieu des années 1950, dans une banlieue qui deviendra le symbole de la réussite sociale pour les générations futures. La modernité, symbolisée par la transformation de la boue en asphalte, n'aura pas tenu ses promesses. Ce n'est pas le Québec obscurantiste de Duplessis qui est mis en cause ici. C'est le Québec moderne, celui qui a cru à l'*American way of life.* C'est le Québec d'aujourd'hui.

On a beaucoup parlé, au Québec et en France, du premier roman de Nelly Arcan, *Putain* (2001), à cause de la confusion à la fois niée et entretenue sur la scène médiatique entre l'auteure et son personnage d'étudiante prostituée. Cette autofiction paraît en France où elle est reçue dans la mouvance des récits tout aussi provocants de Christine Angot et de Catherine Millet. Arcan se distingue toutefois de celles-ci par une écriture animée d'un souffle tour à tour lyrique et rageur. Élevée dans un couvent, la narratrice de *Putain* ressemble à l'Héloïse d'*Une saison dans la vie d'Emmanuel* de Marie-Claire Blais. Le couvent a l'air plus archaïque encore aujourd'hui, comme s'il sortait d'un temps complètement oublié, figé dans l'histoire et perdu dans les interstices de la géographie (il se trouve quelque part à la lisière de la frontière américaine). La narratrice de *Putain* se distingue toutefois d'Héloïse en ce qu'elle poursuit des études de littérature à l'université et lit Sade. Elle écrit selon une logique de la répétition, du ressassement, de l'obsession : ce sont toujours les mêmes gestes mécaniques, les mêmes non-événements, les mêmes mensonges, les mêmes hommes qui défilent, sept ou huit par jour. Et, surtout, ce sont les mêmes souvenirs, « la mère qui larve » et « le père qui jouit ». Tous les hommes sont à l'image du père, qu'ils soient ses professeurs, ses clients ou son psychanalyste ; toutes les femmes sont à l'image de la mère, éternelles ennemies. « Et vous devez vous demander pourquoi tout ça alors, pourquoi je ne quitte pas ce commerce que je dénonce et qui me tue, je n'en sais rien [...]. » L'écriture est une thérapie inutile, une pure véhémence, un rythme davantage qu'un contenu, un inépuisable halètement (« la façon que j'ai de haleter mon histoire comme si j'étais en plein accouplement »).

Frontières du roman québécois

« Pourquoi, nous qui possédons deux langues, attendrions-nous, pour nous enrichir de la substance des écrivains américains ou anglais, qu'ils aient été traduits et assimilés par les Français ? » La question ne date pas d'hier : c'est l'éditeur et romancier Robert Charbonneau qui la formulait en 1946, presque en même temps que paraissait le célèbre roman de Hugh MacLennan, *Two Solitudes* (1945), illustrant la distance qui sépare les communautés francophone et anglophone de Montréal. Cette distance ne disparaît pas complètement à l'époque contemporaine, mais les efforts pour la réduire se multiplient, notamment par le biais des traductions faites ici plutôt qu'en France. L'intérêt pour les écritures migrantes et pour les questions de métissage culturel y est pour beaucoup. Les frontières entre les langues et les cultures deviennent en elles-mêmes des objets d'étude et l'idée de « littérature québécoise » ne se réduit plus à une langue, une culture, ni d'ailleurs au dualisme anglais/français. C'est plus généralement la question du rapport de force entre les langues, entre les cultures, qui se pose, notamment à travers les configurations très variables du minoritaire et du majoritaire. Ainsi, Pierre Nepveu évoque la présence d'une troisième solitude, celle de la communauté juive, dans *Montréal. L'invention juive* (1991). Plusieurs francophones ne découvrent l'existence de la littérature juive montréalaise que récemment, par le biais de traductions comme celle, faite par Charlotte et Robert Melançon en 1991, du roman *The Second Scroll* d'Abraham Moses Klein, paru d'abord en 1951. De même, les œuvres d'écrivains anglo-montréalais comme Mavis Gallant et surtout Mordecai Richler suscitent un intérêt grandissant chez les francophones.

Comme pour les écrivains migrants, le regroupement des écrivains anglo-montréalais ne va pas sans poser des difficultés, tant les différences thématiques et esthétiques sont énormes. Entre le Montréal bilingue de la romancière féministe Gail Scott (*Heroïne,* 1987), la Yougoslavie défaite de David Homel (*The Speaking Cure,* 2003), le terrorisme quelque part au large de l'Inde de Neil Bissoondath (*The Unyielding Clamor of the Night,* 2005) et la fable œcuménique de Yann Martel (*Life of Pi,* 2001), il n'y a de commun que le fait que chacune de ces œuvres a rapidement été traduite en français au Québec. À l'inverse, soulignons que plusieurs romanciers québécois francophones sont traduits en anglais, parfois par ces mêmes romanciers. David Homel traduit ainsi des œuvres de Dany Laferrière et Gail Scott, celles de Nicole Brossard.

De plus en plus courante comme pratique, la traduction est également mise en scène dans plusieurs romans contemporains qui exploitent ainsi le thème de la contamination des langues. Dans *Les Grandes Marées* de Jacques Poulin, par exemple, le personnage de Teddy Bear est traducteur de bandes dessinées. Poulin reprendra plusieurs fois le personnage du traducteur, notamment dans *La traduction est une histoire d'amour* (2006) raconté par une traductrice d'origine irlandaise dont Jack Waterman tombe amoureux. Dans *Le Désert mauve* (1987), Nicole Brossard construit un roman en trois parties : un livre fictif (« Le désert mauve »), sa traduction (« Mauve, l'horizon ») et, au centre du roman, la partie la plus longue (« Un livre à traduire ») constituée du dossier préparatoire de la traductrice. Au-delà de ces exemples, le roman contemporain tend volontiers à glisser d'une langue à l'autre et à mettre en fiction les tensions que révèlent les langues ainsi mêlées ou juxtaposées.

Dans chacun de ces romans, la question des frontières ou le conflit des codes linguistiques donne à l'écriture un poids politique. Ce roman « québécois » a perdu ses ambitions totalisantes, il n'est plus soutenu par une vision du monde globale liée à quelque récit d'émancipation nationale. L'Histoire n'est plus linéaire ou progressive : ce qu'on y lit plutôt, ce sont des micro-fictions, des points de vue multiples dont la variation même définit une certaine poétique au nom de laquelle le romancier s'empare des images figées de l'Histoire pour les remettre en mouvement. La fiction contemporaine ne cherche plus à opposer la marge au centre comme pouvait le faire le roman des années 1960 : elle procède par ajouts, elle s'installe en bordure du monde, partout où il y a des seuils, des zones intermédiaires, des entre-deux, là où les choses commencent et finissent, là où les catégories sociales se croisent et se superposent, là où le personnage fait corps avec ce qui l'entoure pour mieux l'arracher au temps unifié de l'Histoire.

Conclusion

Au Québec comme dans d'autres « petites littératures », le jugement sur la valeur esthétique d'une œuvre fait problème, car il est immédiatement rapporté à un jugement plus général sur la valeur de cette œuvre en regard de l'histoire nationale. Comment lire « sereinement » ce roman sans tomber dans l'autodénigrement ou, à l'inverse comme on le voit si souvent, dans l'entreprise de promotion nationale ? La timidité du roman canadien-français dénoncée par Berthelot Brunet en 1946 n'était pas seulement imputable à la maladresse des romanciers de l'époque : elle était immédiatement connectée aux peurs qui régnaient dans le Québec traditionnel. De même, les succès spectaculaires du roman de la Révolution tranquille ont été d'emblée perçus comme l'expression d'une société en pleine émancipation. La prodigieuse inventivité d'un romancier comme Réjean Ducharme n'a pas d'abord été interprétée comme l'indice d'un talent individuel, mais plutôt comme la preuve de la réussite d'une société à exister enfin par elle-même, à se doter d'une culture distincte, admirée même à l'extérieur de nos frontières. C'est ce « grand récit » qui demeure la trame principale de l'histoire littéraire moderne au Québec et qui façonne notre lecture des romans.

On voit mieux aujourd'hui qu'un tel récit est loin d'être propre au Québec. En 1911, Franz Kafka a formulé dans son journal une remarque au sujet des « petites littératures » qui sera reprise plus tard par Milan Kundera pour distinguer le grand et le petit contexte :

Une petite nation manifeste un grand respect pour ses écrivains parce qu'ils lui procurent une fierté « face au monde hostile qui l'entoure » ; sa littérature « est moins l'affaire de l'histoire littéraire » (c'est-à-dire : moins l'affaire de l'art) que « l'affaire du peuple » ; elle est inséparablement liée à la vie de la nation, ce qui facilite « la diffusion de la littérature dans le pays, où elle s'accroche aux slogans politiques ». Ce qui, au sein des grandes littératures, se joue en bas et constitue une cave indispensable de l'édifice, se passe ici en pleine lumière ; ce qui, là-bas, provoque un attroupement passager, n'entraîne rien de moins ici qu'un arrêt de vie ou de mort.

Une telle remarque s'applique parfaitement au Québec et vaut autant pour le roman canadien-français de 1860 que pour le roman migrant de 1990. Dans les deux cas, le roman est lu comme l'expression d'une société à un moment donné : impossible de le lire sans apercevoir les « slogans politiques » qui s'y accrochent.

Même à l'ère « post-nationale », la lecture du roman québécois appelle la question de l'identité nationale. Pour plusieurs critiques, le pluralisme ou le décentrement actuels sont en effet loin d'avoir évacué l'idée de roman national, comme si cette idée ou ce rêve résistait à tout ce qui paraît le contredire. Le processus d'émancipation collective se poursuit lorsqu'on dit par exemple que le roman québécois s'écrit désormais sous le signe de l'ouverture (à l'Amérique, aux cultures migrantes, à la francophonie, à la « littérature-monde »). Quoi qu'on en pense, on ne raconte pas l'histoire du roman québécois comme on raconte l'histoire du roman français, anglais ou russe. L'historien littéraire le sait d'expérience, tout comme l'enseignant : parler de *Trente arpents* exige de situer le roman de Ringuet par rapport au Québec des années 1930. Le même exercice de mise en contexte historique est moins attendu si l'on parle de *La Condition humaine* ou du *Bruit et de la Fureur.*

Mais dès lors que le critique connaît la phrase de Kafka, il devient conscient que tout le pousse à lire d'abord une « petite littérature » en fonction du « petit contexte ». Il devient aussi conscient d'un certain biais introduit par son corpus lui-même. Au Québec, depuis la Révolution tranquille, la critique a eu beau jeu de justifier son intérêt pour le « petit contexte », car on l'avait jusque-là jugé indigne d'être étudié au même titre que les grands romans de la littérature universelle. Quarante ans plus tard, toutefois, un tel argument a perdu beaucoup de sa validité tant les études sur le roman québécois sont devenues nombreuses et légitimes. Tous les chercheurs admettent qu'il est nécessaire d'étudier et d'enseigner les « petites littératures ». Est-ce une raison pour les enfermer dans le « petit contexte » ? Le moment est venu de sortir ce corpus du seul horizon national et de le lire aussi dans une perspective proprement littéraire, c'est-à-dire par rapport à la grande histoire du roman. Quel roman peut s'attendre à lire le lecteur étranger s'il choisit de lire un roman québécois ? Qu'a-t-il de particulier si on le compare au roman d'ailleurs ? Où va aujourd'hui le roman québécois s'il est vrai que l'adjectif ne renvoie plus, comme naguère, à un projet collectif ? Ce sont de telles questions qui se posent actuellement. Il ne s'agit pas seulement de mesurer à quel point le corpus romanesque récent déplace la question nationale en l'ouvrant à une diversité nouvelle, mais aussi de remonter dans le temps et de relire l'ensemble des romans québécois à la lumière du « grand contexte » dont parle Milan Kundera. Pour cela, il faut peut-être sortir des catégories toutes faites comme celle du roman du terroir ou, plus récemment, celle du roman migrant, catégories construites exclusivement sur la base du contenu de ces romans et sans tenir compte de leurs spécificités formelles. Or, un véritable travail de relecture ne peut se faire que si on prend également la mesure des enjeux formels soulevés par les meilleurs romans québécois d'hier à aujourd'hui.

Qu'est-ce donc que le roman québécois ? Du « J'écris pour m'amuser » de Philippe Aubert de Gaspé père à « l'adieu au roman » d'André Major, il y a dans ce corpus une commune méfiance à l'égard des grandes ambitions du genre romanesque. Cette distance à l'égard d'un roman qui se voudrait trop sérieux, trop réaliste ou trop sûr de son propre langage peut être vue comme une « limite », voire un aveu d'infirmité. Sans doute était-ce partiellement le cas au XIXe siècle et encore durant le premier tiers du XXe siècle, alors que les raisons de se méfier du roman étaient moins littéraires que morales et religieuses. Mais *Les Anciens Canadiens, Angéline de Montbrun* et *La Scouine* montrent déjà comment le romancier d'ici contourne les contraintes du genre pour produire des œuvres atypiques et neuves. À partir de la Seconde Guerre mondiale, la méfiance du romancier revêt un autre sens et s'exprime même chez des romanciers qui, telle Gabrielle Roy, manifestent une maîtrise remarquable du code réaliste. Puis les romanciers de la Révolution tranquille poussent la démonstration encore plus loin, faisant la preuve que l'ironie du roman à l'égard de lui-même peut produire de grands textes. Depuis *Une saison dans la vie d'Emmanuel* de Marie-Claire Blais jusqu'à *L'Hiver de force* de Réjean Ducharme en passant par les romans de Gérard Bessette, Hubert Aquin, sans oublier les contes romanesques de Jacques Ferron et les sagas baroques de Victor-Lévy Beaulieu, on voit aisément à quel point l'humour, l'autoréflexivité et la parodie définissent et renouvellent jusqu'à un certain point la modernité romanesque québécoise.

Le roman québécois se distingue du roman d'ailleurs par une sorte d'extravagance naturelle : il aime les excroissances, le difforme, le débraillé, tout ce qui porte les marques de l'inachèvement — l'absence de fini, diront certains, l'énergie de l'improvisation, diront d'autres. Il s'approprie les formes souples du conte ou de la chronique, il combine la distance de l'écriture et la chaleur de la parole, il refuse les lourdes architectures du roman réaliste au profit du désordre et de la liberté du récit. Rien ne lui est plus aisé que de mélanger les styles, d'aller à la fois vers le sérieux et le comique, le grave et le léger, l'ancien et le nouveau, l'intime et le collectif, le littéraire et le non littéraire, le fictionnel et le non fictionnel, la culture savante et la culture populaire. Pour échapper à l'informe, il arrive souvent que le romancier fasse de l'écriture le sujet même de son œuvre, qu'il fasse entendre une voix qui soit celle de l'auteur. On ne saurait trop insister sur le nombre de romanciers québécois modernes mettant en scène un personnage qui écrit, et qui écrit le plus souvent sa propre histoire, se met lui-même en scène, se voit en train d'écrire et participe au monde à travers le processus même de l'écriture. Ailleurs dans les littératures où le roman est lesté d'une tradition forte, un tel goût pour le discontinu et l'autoréflexivité pourrait être interprété comme un rejet de modèles écrasants. Au Québec, de tels modèles ne fonctionnent qu'à distance et il est d'autant plus facile d'y renoncer qu'ils n'ont jamais été vraiment assimilés en tant que modèles au sens strict. Qui dit absence de tradition forte dit aussi absence de rupture forte : aucun romancier québécois majeur n'écrit *contre* le roman balzacien ou *contre* le roman du terroir. Le roman québécois moderne s'invente, se réinvente sans cesse comme s'il n'avait que faire de toute filiation.

Appendice
Le roman face à la critique

Il n'y a pas de littérature qui ne soit accompagnée d'une critique littéraire. Au XIXe siècle, le roman canadien-français commence à exister en même temps que son commentaire. Le premier roman de l'histoire littéraire du Québec, *L'Influence d'un livre* de Philippe Aubert de Gaspé, est publié en volume le 22 septembre 1837. Trois jours plus tard, Hyacinthe LeBlanc de Marconnay fait paraître une première réaction dans le journal *Le Populaire,* dirigé par l'ami d'Aubert de Gaspé, le libre-penseur Napoléon Aubin. Une analyse du roman paraît la semaine suivante, suivie de la réplique de l'auteur. Ainsi commence le dialogue critique, sous le signe d'échanges souvent polémiques entre l'auteur et ses lecteurs qui s'improvisent critiques et qui interviennent par le biais des journaux. Plus tard dans le siècle, quelques voix plus autorisées se font entendre, notamment celle de l'abbé Henri-Raymond Casgrain, qui signe la préface d'*Angéline de Montbrun.* Le critique ne se contente pas d'« escorter » la jeune romancière : il se permet de la conseiller, selon des critères qui sont plus souvent moraux qu'esthétiques. Il faudra attendre encore plusieurs années avant de voir émerger une réflexion critique davantage préoccupée de littérature que d'idéologie.

Au XXe siècle, Mgr Camille Roy poursuit le travail de l'abbé Casgrain en y ajoutant la caution universitaire. La bienveillance du « père de la critique canadienne-française » lui vaut toutefois les sarcasmes de dilettantes et d'amateurs plus sensibles à l'originalité esthétique qu'au conformisme moral, et pratiquant une critique spontanée, proche du journalisme. Leur plume est souvent vivante, colorée, amusante. Il arrive aussi qu'elle soit plus éclairante que les formules lénifiantes enseignées dans les collèges classiques. Voici par exemple ce que Victor Barbeau dit de Claude-Henri Grignon : « C'est peut-être naïf, d'une naïveté voulue ; c'est certainement disproportionné, mal bâti, grossier ; c'est encore intransigeant, sectaire ; c'est enfin faux, très souvent faux d'une fausseté têtue. Mais, c'est surtout, et c'est ce que j'aurais dû d'abord reconnaître, vivant, endiablé, musculeux. »

Les critiques de la première moitié du siècle s'intéressent toutefois davantage à la poésie qu'au roman. Ce n'est qu'à la fin des années 1950 que paraît une première histoire du genre romanesque, sous la plume d'un critique journaliste qui entrera à l'université à la fin de la décennie suivante. En 1958, Gilles Marcotte publie une « Brève histoire du roman canadien-français », dont il dégage les grands thèmes, notamment le sentiment de vertige qui revient constamment comme si, une fois plongé dans le gouffre de la conscience, le roman d'ici ne pouvait plus en sortir : « Rien ne rompt l'enchantement pervers suscité par la fascination de la chute. » Au même moment, Jeanne Lapointe (Université Laval) reprend dans *Cité Libre* le mot de la romancière Monique Bosco qui a déposé en 1951 une thèse sur *L'isolement dans le roman canadien-français* : « Il n'y a pas de vrais romans d'amour au Canada. » Les critiques de 1960 jugent sévèrement le roman canadien-français, mais ils ont le regard tourné vers l'avenir. À la fin de son étude, Marcotte anticipe le vent de changement qui s'annonce à l'aube de la Révolution tranquille :

> Le roman canadien-français a déjà conquis ses libertés essentielles. Il approche de sa maturité dans la mesure où la société canadienne-française se structure et se diversifie, et il n'est pas impossible qu'il prenne bientôt la relève de la poésie, comme le genre littéraire le plus apte à exprimer nos vérités.

On voit bien par cet exemple à quel point l'essor du roman québécois s'accompagne de l'essor d'un discours critique. Celui-ci continue d'être double (c'est-à-dire tantôt journalistique, tantôt universitaire), mais les deux attitudes se rapprochent, se mêlent parfois comme chez Gilles Marcotte qui passe sans difficulté d'un milieu à l'autre. L'élargissement des départements de lettres et le contexte national favorisent le développement rapide des études québécoises de sorte que le roman québécois devient un objet d'étude à part entière. Jean Éthier-Blais (Université McGill) contribue à ce processus de légitimation par ses chroniques publiées dans *Le Devoir.* À la revue *Parti pris,* André Brochu (Université de Montréal) s'en prend à l'ancienne critique et s'inspire des nouvelles méthodes (analyse thématique, structurale, narratologique) pour relire l'ensemble du corpus romanesque québécois. De même, Gérard Bessette (Université Queen's) s'inspire de la psychanalyse pour étudier les romans d'André Langevin, Gabrielle Roy et Victor-Lévy Beaulieu.

Quelle que soit la méthode choisie, le roman québécois est presque toujours étudié en fonction de son contexte social et surtout national. D'où le succès de la sociocritique, qui s'impose au Québec à travers les travaux fondateurs du sociologue Jean-Charles Falardeau ou de Gilles Marcotte. Ce dernier dirige la thèse de doctorat d'André Belleau (*Le Romancier fictif,* 1980), lequel publie ensuite de courts essais qui auront un impact considérable sur les études consacrées au roman québécois. Inspiré par les travaux de Mikhaïl Bakhtine sur François Rabelais et la culture populaire, Belleau montre de façon convaincante à quel point « [l]a littérature (et la mentalité) au Québec sont traversées par un conflit jamais résolu entre la nature et la culture ». Alors qu'ailleurs la culture populaire tend à se folkloriser, elle imprègne tout le roman québécois, de Philippe Aubert de Gaspé jusqu'à Michel Tremblay, en passant par Hubert Aquin et Réjean Ducharme : « On dirait que dans notre littérature romanesque, l'écriture, se sentant à la fois obscurément redevable à la nature et honteuse envers la culture, se censure comme culture et mutile le signifiant. Chez nous, c'est la culture qui est obscène. » D'où le rapport spécifique au langage qui sous-tend le roman québécois, lié à une certaine culpabilité face à l'écriture, toujours soupçonnée de rompre avec la nature, de faire de la culture un monde en soi, détaché de la parole collective.

À partir de 1980, la critique universitaire creuse la distance qui la sépare de la création et ressemble de moins en moins à la critique d'accompagnement qui s'écrivait jusque-là. Elle ne dialogue plus que de loin avec les œuvres et devient l'affaire de spécialistes qui se méfient du jugement subjectif de même que de tout ce qui s'apparente à des considérations morales, religieuses ou idéologiques. À la différence de la génération qui a fondé les études québécoises, il n'y a plus lieu pour les générations d'aujourd'hui de faire la preuve que le roman québécois existe ou qu'il mérite d'être étudié. C'est là un acquis. L'inventaire est complet, l'euphorie de la découverte est derrière nous. Il ne s'agit donc plus de défricher, mais de déchiffrer, c'est-à-dire de proposer de nouvelles interprétations qui tiennent compte des analyses déjà là, tout en cherchant à les renouveler. Il serait trop long d'énumérer les travaux entrepris en ce sens par des chercheurs et des étudiants dans les différents départements de lettres et dans les centres d'études québécoises qui se sont multipliés au Québec, au Canada et à l'étranger. Cette croissance rapide de la critique savante ne va pas sans risques par ailleurs, car elle conduit à une sur-spécialisation des objets de recherche, encouragée d'ailleurs par un système de subventions qui valorise les méthodes dites scientifiques plutôt que les travaux d'essayistes. D'où le paradoxe actuel : jamais le roman québécois n'a été davantage étudié qu'aujourd'hui, et pourtant est-il vraiment connu, voire reconnu, au-delà du cercle étroit des spécialistes ? Alors que la critique a joué un rôle majeur d'intermédiaire entre les romans et le public dans les années 1960, on peut se demander si elle joue encore un tel rôle et si son travail d'interprétation intéresse même ce public. Ce divorce apparent entre la critique et le monde rejoint, d'une autre manière, celui que l'on constate entre le roman lui-même et le monde.

Une des façons de combler cette distance consiste à rapprocher non plus l'écriture universitaire et l'écriture journalistique, mais l'analyse des œuvres et le récit de soi. C'est ce que propose Pierre Nepveu dans un des essais critiques les plus remarquables de la production contemporaine, *Intérieurs du Nouveau Monde. Essais sur les littératures du Québec et des Amériques* (1998). Ici, le roman côtoie la poésie et d'autres genres, le corpus québécois s'inscrit dans le contexte élargi des littératures de toutes les Amériques, mais surtout le travail d'interprétation, appuyé sur une longue fréquentation des œuvres et des méthodes critiques, est enchâssé par un prologue et un épilogue écrits au « je » et racontant l'expérience personnelle de l'auteur. Le prologue se passe en Californie, où Nepveu rencontre un ancien combattant du Viêtnam qui ressemble étrangement au frère de Jack Waterman, héros du *Volkswagen blues* de Jacques Poulin. L'épilogue est une lettre d'adieu envoyée à Terezita de Jesús, née au Paraguay, dont l'auteur ne connaîtra à peu près rien, sauf les deux filles laissées en adoption au Brésil et avec lesquelles il repartira vers le nord. Il n'y a pas de rapport théorique ou méthodologique entre ce récit de soi et les analyses des œuvres qui forment le cœur de l'ouvrage, mais les deux écritures se rejoignent dans une même expérience subjective du monde. Un tel lien n'aurait pas été envisageable pour un critique des années 1940 ou 1960. Il n'est pas fondé sur la demande nationale de sens, il ne vise pas à répondre à une nécessité extérieure, celle d'une société en attente de grandes œuvres qui lui permettraient enfin de s'élever à la hauteur des autres nations, de se projeter dans la modernité en découvrant sa propre littérature. L'écriture d'un critique comme Pierre Nepveu, qui est, soulignons-le, en même temps poète et romancier, obéit à une tout autre forme de nécessité, une nécessité à la fois intérieure et historique, fondée sur l'appartenance aux cultures de l'Amérique, si longtemps ignorées par la critique québécoise. Ce qui compte ici, ce n'est pas seulement l'américanité retrouvée, qui sera l'un des lieux communs de la critique contemporaine, comme le dira Pierre Nepveu lui-même : c'est le refus de mettre la littérature en dehors de l'expérience vécue, et de mettre celle-ci en dehors de la vie des œuvres.

Orientations bibliographiques

Ouvrages de référence

Beaudoin, Réjean, *Le Roman québécois,* Montréal, Boréal, coll. « Boréal express », 1991.

Biron, Michel, François Dumont et Élisabeth Nardout-Lafarge (avec la collaboration de Martine-Emmanuelle Lapointe), *Histoire de la littérature québécoise,* Montréal, Boréal, coll. « Boréal compact », 2010.

Lemire, Maurice, et al. (dir.), *Dictionnaire des œuvres littéraires du Québec,* Montréal, Fides, 1978-2011 : 8 volumes parus.

Lemire, Maurice, Lucie Robert et Denis Saint-Jacques (dir.), *La Vie littéraire au Québec,* Québec, Presses de l'Université Laval, 1991-2010 : 6 volumes parus.

Linteau, Paul-André, René Durocher, Jean-Claude Robert et François Ricard, *Histoire du Québec contemporain,* Montréal, Boréal, coll. « Boréal compact », 2 tomes.

Mailhot, Laurent, *La Littérature québécoise depuis ses origines,* Montréal, Typo, 1997.

Études

Allard, Jacques, *Le Roman du Québec : histoire, perspectives, lectures,* Montréal, Québec Amérique, 2000.

Audet, René, et Andrée Mercier (dir.), *La Narrativité contempo-raine au Québec,* 1 : *La Littérature et ses enjeux narratifs,* Québec, Presses de l'Université Laval, 2004.

Belleau, André, *Le Romancier fictif. Essai sur la représentation de l'écrivain dans le roman québécois,* Québec, Nota bene, coll. « Visées critiques », 1999.

—, *Surprendre les voix,* Montréal, Boréal, coll. « Papiers col-lés », 1986.

Biron, Michel, *L'Absence du maître. Saint-Denys Garneau, Fer-ron, Ducharme,* Montréal, Presses de l'Université de Mont-réal, coll. « Socius », 2000.

Brochu, André, *L'Instance critique 1961-1973,* Montréal, Leméac, 1974.

—, *La Visée critique. Essais autobiographiques et littéraires,* Montréal, Boréal, 1988.

Chassay, Jean-François, *L'Ambiguité américaine. Le roman qué-bécois face aux États-Unis,* Montréal, XYZ, 1995.

Dion, Robert, *Le Moment critique de la fiction. Les interpréta-tions de la littérature que proposent les fictions québécoises contemporaines,* Québec, Nuit blanche, coll. « Essais cri-tiques », 1997.

Dupuis, Gilles, et Klaus Dieter Ertler (dir.), *À la carte : le roman québécois (2000-2005),* Francfort, Peter Lang, 2007.

Falardeau, Jean-Charles, *Notre société et son roman,* Montréal, HMH, 1967.

Gallays, François, Sylvain Simard et Robert Vigneault (dir.), *Le Roman contemporain au Québec (1960-1985),* Montréal, Fides, coll. « Archives des lettres canadiennes. Tome VIII », 1992.

Gauvin, Lise, et Franca Marcato-Falzoni (dir.), *L'Âge de la prose. Romans et récits québécois des années 80,* Rome/Montréal, Bulzoni/VLB, 1992.

Harel, Simon, *Les Passages obligés de l'écriture migrante,* Mont-réal, XYZ, coll. « Théorie et littérature », 2005.

—, *Le Voleur de parcours. Identité et cosmopolitisme dans la littérature québécoise contemporaine,* Montréal, XYZ, coll. « Documents », 1999.

Lamontagne, André, *Le Roman québécois contemporain. Les voix sous les mots,* Montréal, Fides, coll. « Nouvelles études québécoises », 2004.

Mailhot, Laurent, *Ouvrir le livre,* Montréal, L'Hexagone, coll. « Essais littéraires », 1992.

Marcotte, Gilles, *Écrire à Montréal,* Montréal, Boréal, coll. « Papiers collés », 1997.

—, *La littérature est inutile. Exercices de lecture,* Montréal, Boréal, coll. « Papiers collés », 2009.

—, *Littérature et Circonstances,* Montréal, L'Hexagone, coll. « Essais littéraires », 1989.

—, *Le Roman à l'imparfait. La « révolution tranquille » du roman québécois,* Montréal, L'Hexagone, coll. « Typo », 1989, 257 p.

Michaud, Ginette, « Récits postmodernes ? », *Études françaises* [sur Jacques Poulin], vol. 21, n°3, hiver 1985-1986, p. 67-88.

Moisan, Clément, et Renate Hildebrand, *Ces étrangers du dedans. Une histoire de l'écriture migrante au Québec (1937-1997),* Québec, Nota bene, coll. « Études », 2001.

Nepveu, Pierre, *L'Écologie du réel. Mort et naissance de la littérature québécoise contemporaine,* Montréal, Boréal, coll. « Boréal compact », 1999.

—, *Intérieurs du Nouveau Monde. Essais sur les littératures du Québec et des Amériques,* Montréal, Boréal, coll. « Papiers collés », 1998.

—, *Lectures des lieux,* Montréal, Boréal, coll. « Papiers collés », 2004.

Paterson, Janet, *Moments postmodernes dans le roman québécois,* Ottawa, Presses de l'Université d'Ottawa, 1993.

Ricard, François, *La Littérature contre elle-même,* Montréal, Boréal, 2002.

—, « Remarques sur la normalisation d'une littérature », *Écritures,* n° 31, automne 1988, p. 11-19.

Simon, Sherry, et *al., Fictions de l'identitaire au Québec,* Montréal, XYZ, coll. « Études et documents », 1991.

Smart, Patricia, *Écrire dans la maison du père. L'émergence du féminin dans la tradition littéraire du Québec,* Montréal, XYZ, 2003.

Repères chronologiques

	Vie politique et culturelle	Romans
1837	Rébellion des patriotes	Le premier roman canadien-français est publié : *L'Influence d'un livre* de Philippe Aubert de Gaspé fils
1839	Rapport Durham	
1840	Acte d'Union du Haut- et du Bas-Canada	
1844	Fondation de l'Institut canadien de Montréal	
1845-1852	*Histoire du Canada depuis sa découverte jusqu'à nos jours* de François-Xavier Garneau (4 tomes)	
1846		*La Terre paternelle* de Patrice Lacombe et *Charles Guérin* de Pierre-Joseph-Olivier Chauveau paraissent en feuilleton dans *L'Album littéraire et musical de la Revue canadienne*
1849		*Une de perdue, deux de trouvées* de Pierre Boucher de Boucherville
1854	Abolition du régime seigneurial au Bas-Canada	
1860	Début du mouvement littéraire et patriotique de Québec animé par l'abbé Henri-Raymond Casgrain	
1862		*Jean Rivard, le défricheur* d'Antoine Gérin-Lajoie est publié dans *Les Soirées canadiennes*
1863		*Les Anciens Canadiens* de Philippe-Aubert de Gaspé père
1867	Acte de l'Amérique du Nord britannique (fédération de quatre provinces : le Nouveau-Brunswick, la Nouvelle-Écosse, l'Ontario et le Québec)	
1873		*Le Chevalier de Mornac. Chronique de la Nouvelle-France* de Joseph Marmette
1881		*Angéline de Montbrun* de Laure Conan

	Vie politique et culturelle	Romans
1884	Début du journal *La Presse*	
1895	Fondation de l'École littéraire de Montréal	*Pour la patrie* de Jules-Paul Tardivel
1904	Olivar Asselin fonde le journal hebdomadaire *Le Nationaliste*	*Marie Calumet* de Rodolphe Girard
	Conférence de Camille Roy : « La nationalisation de la littérature canadienne »	
1910	Henri Bourassa fonde le quotidien *Le Devoir*	
1911	Jules Fournier fonde le journal hebdomadaire *L'Action*	
1914	Début de la Première Guerre mondiale	*Le Débutant* d'Arsène Bessette
1916		*Maria Chapdelaine* de Louis Hémon, d'abord paru en 1914 dans *Le Temps* à Paris, est publié au Québec
1917	Le droit de vote est accordé aux femmes lors des élections fédérales	
1918	Fin de la guerre en Europe	*La Scouine* d'Albert Laberge
1922	CKAC est la première station radiophonique française en Amérique du Nord	*L'Appel de la race* de Lionel Groulx
1929	Le 24 octobre, krach boursier de Wall Street	
1931		*La Chair décevante* de Jovette-Alice Bernier
1933	La Ligue d'action nationale fait paraître le premier numéro de *L'Action nationale*	*Un homme et son péché* de Claude-Henri Grignon
		Né à Québec d'Alain Grandbois
1934	Fondation de la revue *La Relève*	*Les Demi-civilisés* de Jean-Charles Harvey
1936	Maurice Duplessis est élu premier ministre du Québec	
1937	L'Union nationale adopte la « loi du cadenas » qui interdit aux citoyens québécois de propager le communisme et le bolchevisme	*Menaud, maître-draveur* de Félix-Antoine Savard

	Vie politique et culturelle	Romans
1938		*Trente arpents* de Ringuet
		Les Engagés du Grand Portage de Léo-Paul Desrosiers
1939	Début de la Seconde Guerre mondiale	*Le Beau Risque* de François Hertel
	Maurice Duplessis est défait aux élections provinciales. Le libéral Adélard Godbout devient premier ministre du Québec	
1940	Fondation des Éditions de l'Arbre	
	Au Québec, les femmes obtiennent le droit de vote	
1941	Fondation de la revue *La Nouvelle Relève*	*Ils posséderont la terre* de Robert Charbonneau
	Fondation des Éditions Fides	
1942	Le Québec vote non au plébiscite sur la conscription	*La Chesnaie* de Rex Desmarchais
1943	Loi de l'instruction obligatoire	
1944	Maurice Duplessis reprend le pouvoir	*Au pied de la pente douce* de Roger Lemelin
	Victor Barbeau fonde l'Académie canadienne-française	
1945	Capitulation de l'Allemagne. Le 6 août, les Américains lancent une première bombe atomique sur Hiroshima ; trois jours plus tard, ils bombardent Nagasaki. Capitulation du Japon	*Bonheur d'occasion* de Gabrielle Roy (prix Femina)
		Le Survenant de Germaine Guèvremont
		Two Solitudes de Hugh MacLennan
1948	Parution du manifeste *Refus global*	*Neuf jours de haine* de Jean-Jules Richard
		Les Plouffe de Roger Lemelin
1949		*Mathieu* de Françoise Loranger
1950	Pierre Elliott Trudeau et Gérard Pelletier fondent la revue *Cité Libre*	*La Fin des songes* de Robert Élie
		Le Torrent d'Anne Hébert
		La Petite Poule d'eau de Gabrielle Roy

	Vie politique et culturelle	Romans
1952	Début de la télévision de Radio-Canada	
1953	Fondation des Éditions de l'Hexagone	*Poussière sur la ville* d'André Langevin
1954	Fondation des *Écrits du Canada français*	*Aaron* d'Yves Thériault
1955		*Rue Deschambault* de Gabrielle Roy
1957	Création du Conseil des Arts du Canada	
1958		*Agaguk* d'Yves Thériault
1959	Décès du premier ministre Maurice Duplessis. Il est remplacé par Paul Sauvé Fondation de la revue *Liberté*	*La Belle Bête* de Marie-Claire Blais *The Apprenticeship of Duddy Kravitz* de Mordecai Richler
1960	Décès de Paul Sauvé. Il est remplacé par Antonio Barrette Le 22 juin, le Parti libéral de Jean Lesage est élu Fondation du Rassemblement pour l'indépendance nationale (RIN) Fondation des Éditions HMH	*Le Libraire* de Gérard Bessette
1961	Création de l'Office de la langue française Fondation des Éditions du Jour	
1962	Fondation des Presses de l'Université de Montréal	
1963	Début des travaux de la commission Laurendeau-Dunton sur le bilinguisme et le biculturalisme Le Front de libération du Québec (FLQ) dépose sa première bombe à la station anglaise CKGM Jacques Ferron fonde le Parti Rhinocéros Fondation de la revue *Parti pris* Fondation de la maison d'édition Boréal Express	

	Vie politique et culturelle	Romans
1964	Création du ministère de l'Éducation du Québec	*L'Incubation* de Gérard Bessette
	Début du *Journal de Montréal*	*La Jument des Mongols* de Jean Basile
		Le Cassé de Jacques Renaud
1965	Fondation de la revue *Études françaises* publiée par l'Université de Montréal	*Prochain épisode* de Hubert Aquin
		La Nuit de Jacques Ferron
	Fondation de la revue *La Barre du Jour*	*Dans un gant de fer* de Claire Martin
		Une saison dans la vie d'Emmanuel de Marie-Claire Blais (prix Médicis)
1966	Daniel Johnson, de l'Union nationale, est élu premier ministre du Québec	*L'Avalée des avalés* de Réjean Ducharme
1967	Le 24 juillet, le général de Gaulle lance « Vive le Québec libre ! » du haut du balcon de l'hôtel de ville de Montréal	*Le Nez qui voque* de Réjean Ducharme
	Ouverture des premiers cégeps (collèges d'enseignement général et professionnel)	*Salut Galarneau !* de Jacques Godbout
	En mai, inauguration à Montréal d'Expo 67	*Jos Carbone* de Jacques Benoit
	Fondation de *Voix et images du pays,* revue de l'Université du Québec à Montréal consacrée à la littérature québécoise	
1968	Fondation du Parti québécois	*La Guerre, yes Sir !* de Roch Carrier
	Création du réseau de l'Université du Québec	
	Fondation de la revue *Les Herbes rouges*	
	Fondation d'*Études littéraires,* revue de l'Université Laval	
1969		*Le Ciel de Québec* de Jacques Ferron

	Vie politique et culturelle	Romans
1970	Le libéral Robert Bourassa est élu premier ministre du Québec	*L'Amélanchier* de Jacques Ferron
		Kamouraska d'Anne Hébert
	En octobre, le FLQ enlève le diplomate britannique James Cross et le ministre québécois du Travail Pierre Laporte. Le gouvernement fédéral applique la Loi sur les mesures de guerre. Pierre Laporte est assassiné	
1973	À Québec, création du Conseil du statut de la femme	*L'Hiver de force* de Réjean Ducharme
		Le Saint-Élias de Jacques Ferron
1974	Fondation des Éditions Québec/Amérique	*Don Quichotte de la démanche* de Victor-Lévy Beaulieu
		De 1974 à 1976, André Major fait paraître ses *Histoires de déserteurs*
1976	Le 15 novembre, le Parti québécois de René Lévesque est élu	
	Jeux olympiques de Montréal	
	Fondation de VLB éditeur	
	Fondation du magazine *Lettres québécoises*	
1977	Adoption de la Charte de la langue française (loi 101)	
	Création de l'Union des écrivains québécois (UNEQ). Jacques Godbout en est le premier président	
	Suicide d'Hubert Aquin	
1978	Fondation de la maison d'édition La courte échelle (littérature jeunesse)	*Les Grandes Marées* de Jacques Poulin
		La grosse femme d'à côté est enceinte de Michel Tremblay, premier roman des *Chroniques du Plateau-Mont-Royal*
		Monsieur Melville de Victor-Lévy Beaulieu
1979	Fondation du magazine *Spirale*	*Pélagie-la-Charrette* d'Antonine Maillet (prix Goncourt)
1980	Référendum sur la souveraineté-association : 60 % des Québécois votent Non	*La Vie en prose* de Yolande Villemaire
		Les Masques de Gilbert La Rocque

	Vie politique et culturelle	Romans
1981		*Le Matou* d'Yves Beauchemin
		Le Voyageur distrait de Gilles Archambault
1982	Rapatriement de la Constitution. Le Québec refuse de signer l'entente	*Les Fous de Bassan* d'Anne Hébert (prix Femina)
	À Québec, fondation du magazine *Nuit blanche*	
1983	Fondation du magazine « transculturel » *Vice-versa*	*Maryse* de Francine Noël
		La Québécoite de Régine Robin
1984		*Volkswagen blues* de Jacques Poulin
		Agonie de Jacques Brault
1985	Démission de René Lévesque. Il est remplacé par Pierre-Marc Johnson	*Comment faire l'amour avec un Nègre sans se fatiguer* de Dany Laferrière
	Le 2 décembre, le libéral Robert Bourassa devient premier ministre du Québec	
1986		*Le Souffle de l'Harmattan* de Sylvain Trudel
		Dehors les chiens de Jacques Folch-Ribas
1987		*Le Désert mauve* de Nicole Brossard
1988	Le Canada et les États-Unis signent l'accord de libre-échange	
1989	Le 6 décembre, 14 étudiantes de l'École polytechnique sont assassinées. Un deuil national de trois jours est décrété	*La Rage* de Louis Hamelin
		Le Vieux Chagrin de Jacques Poulin
		Copies conformes de Monique LaRue
1990	L'accord constitutionnel du lac Meech est rejeté. Six députés québécois, membres du Parti conservateur du Canada, démissionnent et fondent le Bloc québécois	*Dévadé* de Réjean Ducharme
		L'Hiver de pluie de Lise Tremblay
1991		*Le Bruit des choses vivantes* d'Élise Turcotte
		L'Obéissance de Suzanne Jacob

	Vie politique et culturelle	Romans
1992	L'accord constitutionnel de Charlottetown est rejeté	
1993	Le Bloc québécois, dirigé par Lucien Bouchard, forme l'opposition officielle à Ottawa	
1994	Création du Conseil des arts et des lettres du Québec	*Va savoir* de Réjean Ducharme *Le Petit Aigle à tête blanche* de Robert Lalonde *Le Pavillon des miroirs* de Sergio Kokis
1995	Second référendum sur la souveraineté du Québec : le Non l'emporte de justesse avec 50,6 % des suffrages Démission du premier ministre Jacques Parizeau Ouverture de la Librairie du Québec à Paris	*L'Ingratitude* de Ying Chen *Soifs* de Marie-Claire Blais
1996	Funérailles nationales du poète Gaston Miron	
1997	Gilles Duceppe devient le chef du Bloc québécois	*Barney's Version* de Mordecai Richler
1998	Aux élections provinciales du 30 novembre, le Parti québécois de Lucien Bouchard est réélu	*La Petite Fille qui aimait trop les allumettes* de Gaétan Soucy *Côte-des-Nègres* de Mauricio Segura
1999	Au printemps, Québec est l'invité d'honneur du Salon du livre de Paris	*Mille eaux* d'Émile Ollivier
2001	Attentats terroristes contre le World Trade Center à New York Lucien Bouchard remet sa démission et Bernard Landry lui succède comme premier ministre du Québec	*Putain* de Nelly Arcan *Rouge, mère et fils* de Suzanne Jacob *Chercher le vent* de Guillaume Vigneault *Life of Pi* de Yann Martel (Booker Prize)

	Vie politique et culturelle	Romans
2003	Élection du Parti libéral aux élections provinciales. Jean Charest devient premier ministre du Québec	*The Speaking Cure* de David Homel
2005	Ouverture de la Grande Bibliothèque à Montréal	*Le Siècle de Jeanne* d'Yvon Rivard
		Nikolski de Nicolas Dickner
		Voyage en Inde avec un grand détour (1984-2002) de Louis Gauthier
		The Unyielding Clamor of the Night de Neil Bissoondath
2006	Mavis Gallant devient la première lauréate anglophone du prix Athanase-David	
2008		*Le Ciel de Bay City* de Catherine Mavrikakis
2009		*L'Énigme du retour* de Dany Laferrière (prix Médicis)
2010		*La Constellation du Lynx* de Louis Hamelin.

Index

CRÉDITS ET REMERCIEMENTS

Les Éditions du Boréal reconnaissent l'aide financière du gouvernement
du Canada par l'entremise du Fonds du livre du Canada (FLC) pour
leurs activités d'édition et remercient le Conseil des Arts du Canada
pour son soutien financier.

Les Éditions du Boréal sont inscrites au Programme d'aide
aux entreprises du livre et de l'édition spécialisée de la SODEC
et bénéficient du Programme de crédit d'impôt pour l'édition
de livres du gouvernement du Québec.

Ce livre a été imprimé sur du papier 50 % fibres de postconsommation,
certifié ÉcoLogo et fabriqué dans une usine fonctionnant au biogaz.

MISE EN PAGES ET TYPOGRAPHIE :
LES ÉDITIONS DU BORÉAL

ACHEVÉ D'IMPRIMER EN AVRIL 2012
SUR LES PRESSES DE L'IMPRIMERIE GAUVIN
À GATINEAU (QUÉBEC).